Das Schicksal der Liebe

Rudolf Steiner

DAS SCHICKSAL DER LIEBE

Isis und Madonna
Christus und die menschliche Seele

Rudolf Steiner
Ausgaben

Der Wortlaut der in den *Rudolf Steiner Ausgaben* gedruckten Vorträge Rudolf Steiners geht auf die ursprünglichen Klartextnachschriften und Erstdrucke zurück, unter Berücksichtigung der danach erfolgten Veröffentlichungen.

2. Auflage 2020
(1. Aufl. unter dem Titel: «Christus und die menschliche Seele» – erweitert um den Vortrag «Isis und Madonna», einen öffentlichen Vortrag, eine Esoterische Stunde und den Anhang)

Herausgeber: Rudolf Steiner Ausgaben
(Monika Grimm, Bad Liebenzell)
Redaktion: Pietro Archiati, Bad Liebenzell
Korrektorat: Ute von Herrmann, Stuttgart
Druck: GGP Media GmbH, Pößneck

ISBN: 978-3-86772-160-8
(ISBN der 1. Auflage: 978-3-938650-73-8)

Rudolf Steiner Ausgaben e. K.
Burghaldenweg 37 · D-75378 Bad Liebenzell
Telefon: (07052) 935284 · Telefax: (07052) 934809
anfrage@rudolfsteinerausgaben.com
www.rudolfsteinerausgaben.com

INHALT

Christus und die menschliche Seele

Vier Vorträge, gehalten in Norrköping (Schweden)
vom 12. bis 16. Juli 1914

1. Vortrag (12.7.1914)

Was macht die Seele unsterblich?

Das Wirken von Wille, Weisheit und Liebe

S. 31

- In der Entwicklung auf der Erde sind der freie Wille und die Erfassung des Göttlichen für die Seele die zwei höchsten Gaben und Ziele zugleich *S. 31*
- Das verdunkelte Bewusstsein schreit nach dem Tod des Christus, des Urbilds des Menschen *S. 35*
- Das jüdische Volk wurde vom Christus geführt, ohne ihn in seinem wahren Wesen zu erkennen *S. 40*
- Die Heiden erkannten den Christus in den Mysterien. Aber das waren nur wenige Auserwählte, die sich im körperlosen und im ichlosen Zustand befanden *S. 44*
- Die Liebe ist die Kraft, die die Seele «unsterblich» macht *S. 48*
- Es gehört zum Wesen des Christentums, dass der Christus als ein kosmisches Wesen erkannt wird *S. 55*

2. Vortrag (14.7.1914)

Wie werden Ideale Wirklichkeit?

Der Geist, der alle Menschen eint

S. 57

- Die Seele muss sich nach dem Tod um ihre Ideale sorgen, wenn diese nicht den Keim der Wirklichkeit in sich tragen *S. 57*
- Wie ein Dichter (Christian Morgenstern) nach seinem Tod eine individualisierte geisteswissenschaftliche Christologie in seiner Seele trägt, die zu allen Menschen strahlt *S. 60*
- Wie eine verstorbene Seele (Maria Spettini) bei künstlerischen Unternehmungen konkret mithilft *S. 66*
- Ideale werden zur Wirklichkeit, wenn sie dem gemeinsamen Geist aller Menschen – dem Christus – anvertraut werden *S. 70*

3. Vortrag (15.7.1914)

Werden Schuld und Sünde vergeben?

Ausgleich im Karma, Vergebung durch Christus

S. 77

- Wie vertragen sich der notwendige Ausgleich im Karma und die Sündenvergebung durch den Christus? *S. 77*
- Für die geistige Welt gelten andere Gesetze als für die physische Welt *S. 80*
- Die subjektiven Folgen einer Tat müssen im Karma abgetragen werden; die objektiven Folgen für die Erde und für die Menschheit nimmt der Christus auf sich *S. 84*

- Die Vergebung der Sünden gilt für die objektiven Folgen einer Tat und setzt eine innere Beziehung zum Christus voraus *S. 92*
- Nur in der Wahrheit kann der Christus erlebt werden *S. 97*

- Um den Menschen erlösen zu können, musste der Christus «todverwandt» werden *S. 101*
- Aus der Urheimat des Menschen brachte der Christus das kosmische Wort und das kosmische Leben zurück *S. 107*
- Die Moralität des Menschen erzeugt Erdgeister («Phantome»), die ohne Beziehung zum Christus tot bleiben, mit ihm aber einen lebendigen Organismus bilden *S. 113*
- Die «Vergebung der Sünden» empfängt der Gläubige durch den Stellvertreter und der Geisteswissenschaftler unmittelbar vom Christus *S. 119*
- Schlussworte: «Unsere Lehre ist selbst das, was uns der Christus hat sagen wollen» *S. 123*

Öffentlicher Vortrag und **Esoterische Stunde** in Norrköping

ANHANG

Faksimiles und Textvergleiche

* * *

Isis und Madonna.

Handschrift s. S. 178 ff.

Vortrag von Dr. R. Steiner, Architektenhaus

Berlin, d. 29. 4. 1909.

Goethe hat wiederholt darauf hingewiesen, dass derjenige, welcher den Geheimnissen der Natur nahe kommt, sich sehnt nach der Kunst, der würdigsten Auslegerin dieser Geheimnisse. Goethe hat in seinen Schöpfungen gezeigt, dass die Kunst ihm Auslegerin der Wahrheit war. Mit dieser Anschauung hat Goethe etwas getroffen, das als ein Grundmotiv durch alle Zeiten der Menschheitsentwickelung gegangen ist. Mehr oder weniger bewusst oder unbewusst stellen sich uns in den Künsten gewisse Wahrheiten, die in den Seelen leben, dar. Es sind oft die geheimnisvollsten Wahrheiten u. Erkenntnisse, die sich nicht leicht in abstrakte Formeln bringen lassen, die ihren Ausdruck suchen in der künstlerischen Darstellung.

Wir wollen eine geheimnisvolle Wahrheit uns vor Augen führen, die durch Jahrtausende sich in der Kunst aussprach, die zwar in gewissen engen Kreisen immer ihre wissenschaftl. Formulierung fand,

Öffentlicher Vortrag

Isis und Madonna

Kunst, Wissenschaft und Religion wieder eins

Berlin, 29. April 1909

Sehr verehrte Anwesende!

Goethe hat wiederholt darauf hingewiesen, dass derjenige, der den Geheimnissen der Natur nahekommt, sich nach der Kunst sehnt, der «würdigsten Auslegerin» dieser Geheimnisse.[1] Goethe hat in seinen Schöpfungen gezeigt, dass ihm die Kunst eine Auslegerin der Wahrheit war.

Mit dieser Anschauung hat Goethe etwas getroffen, was als ein Grundmotiv durch alle Zeiten der Menschenentwicklung gegangen ist. Mehr oder weniger bewusst oder unbewusst stellen sich uns in den Künsten gewisse Wahrheiten dar, die in der Seele leben. Es sind oft die geheimnisvollsten Wahrheiten und Erkenntnisse, die sich nicht leicht in abstrakte Formeln bringen lassen, die ihren Ausdruck in der künstlerischen Darstellung suchen.

---

1 *Goethes Werke,* Dreiunddreißigster Teil, *Naturwissenschaftliche Schriften,* Vierter Band, Zweite Abteilung, herausgegeben von Rudolf Steiner, Stuttgart [1897], *Sprüche in Prosa,* 11. Abteilung, Kunst, S. 494: «Wem die Natur ihr offenbares Geheimnis zu enthüllen anfängt, der empfindet eine unwiderstehliche Sehnsucht nach ihrer würdigsten Auslegerin, der Kunst.»

Wir wollen uns eine geheimnisvolle Wahrheit vor Augen führen, die sich durch Jahrtausende in der Kunst ausgesprochen hat, die in gewissen engen Kreisen immer auch ihre wissenschaftliche Formulierung gefunden hat, die aber erst durch die Geisteswissenschaft in Zukunft populär werden wird. Goethe konnte sich dieser Wahrheit von den verschiedensten Seiten mit seiner Seele nähern.

Es war für Goethe ein bedeutungsvoller Augenblick, der das Erleben eines solchen Geheimnisses bedeutet, als er, Plutarch lesend, die Erzählung von Nikias fand, der eine sizilianische Stadt den Römern geneigt machen wollte und deshalb verfolgt wurde. Er stellte sich wahnsinnig auf der Flucht und rief aus: «Die Mütter, die Mütter verfolgen mich!» An diesem Ausruf erkannte man, dass man es nicht mit einem gewöhnlichen Wahnsinnigen zu tun hatte, denn in jener Gegend gab es zu jener Zeit einen Tempel für «die Mütter», und man wusste, was der Ausdruck bedeutet.

Als Goethe die volle Bedeutung des Ausdrucks «die Mütter» vor seine Seele stellte, da wusste er auch, dass er das Schaurig-Schöne der *Faust*-Szene im 2. Teil, wo er ein Höchstes darstellen wollte, nicht besser ausdrücken könnte, als dass er den Faust selbst zu den Müttern gehen lässt. Was stellt dieser Gang dar?

Mephisto bringt Faust den «Schlüssel», aber als Geist des Materialismus, der in den Kräften des materiellen Daseins enthalten ist, kann er nicht selbst zu den Müttern gehen. Das

Reich der Mütter ist das Reich des Nichts für ihn. Faust, der spirituelle Mensch, der dem Geist zugeneigt ist, kann antworten: «In deinem Nichts hoff' ich das All zu finden.»[2]

Es folgt die bedeutungsvolle Beschreibung des Reichs der Mütter, wie sie weben und leben in dem Gebiet, aus dem heraus alle Gestalten geformt werden. «Gestaltung, Umgestaltung» ist das Wesen des Reichs der geheimnisvollen Göttinnen. Zu ihnen muss Faust hinunter, als er die Erkenntnis von dem schöpfen will, was über alles Sinnliche erhaben ist. Faust kann nur dadurch das Ewige der Helena mit deren Zeitlichem in würdiger Weise zur Vereinigung bringen, dass seiner Seele sich das Reich der Mütter auftut.

Goethe versteht sehr wohl, dass dies das Reich ist, in das der Mensch eindringt, wenn er die in der Seele schlummernden geistigen Kräfte erweckt. Wenn der große Augenblick eintritt, wo das geistige Auge und das geistige Ohr geöffnet

---

2 Goethe, *Faust,* 2. Teil, «Finstere Galerie»:

Faust Nur immer zu! wir wollen es ergründen,
In deinem Nichts hoff' ich das All zu finden. ...

Mephistopheles Ein glühnder Dreifuß tut dir endlich kund
Du seist im tiefsten, allertiefsten Grund.
Bei seinem Schein wirst du die Mütter sehn;
Die einen sitzen, andre stehn und gehn,
Wie's eben kommt. Gestaltung, Umgestaltung,
Des ewigen Sinnes ewige Unterhaltung.
Umschwebt von Bildern aller Kreatur;
Sie sehn dich nicht, denn Schemen sehn sie nur.
Da fass ein Herz, denn die Gefahr ist groß
Und gehe grad' auf jenen Dreifuß los,
Berühr ihn mit dem Schlüssel!

werden, da tritt der Mensch den Gang zu den Müttern an, den Gang ins Reich der Mütter.

Es wurde von uns schon öfter erwähnt, dass der Mensch, wenn er genau vorgeschriebene Methoden anwendet, die geistigen Augen und Ohren aufgeschlossen erhält. Zuerst wirkt das Reich des Geistes verwirrend. Unsere Welt hat scharfe Konturen, durch die wir uns in ihr auskennen. In der geistigen Welt ist aber eine verwirrende Fülle von ineinander webenden Erscheinungen, wie Goethe sie im 2. Teil des *Faust* beschreibt.

Aus diesem «Mütter»-Reich ist all das herausgeboren, was unseren Sinnen gegeben ist. Weil dieses geheimnisvolle Reich das Mütterreich aller irdischen, aller physischen Dinge ist, das Reich, das die göttliche Substanz enthält, wirkte auf Goethe der Ausdruck «die Mütter» so schauervoll schön. Er verstand, was er in Plutarch las. Er verstand, dass, wenn man «die Mütter» ruft, man nicht wie ein Wahnsinniger in ein wesenloses Reich sieht, sondern in ein Reich geistiger Wirklichkeit.

Goethe stand bei der Lektüre des Plutarch sozusagen das Mutterproblem der Welt vor Augen, und er geheimnisste es hinein in den 2. Teil des *Faust*.

Der Mensch, der ins Reich der Mütter eintreten will, muss das durchmachen, was man Katharsis (griech. Reinigung, Läuterung) nannte. Er muss seine Seele, aus der die geistighöheren Kräfte herausgeholt werden sollen, so vorbereiten, dass sie keinen Hang mehr zum Sinnenschein hat. Frei davon muss sie sein, dann kann sie in die geistigen Reiche eindringen.

Was man die gereinigte, durch die Katharsis durchgegangene Seele nennt, das hat man überall da, wo man von diesen Geheimnissen etwas wusste, auch des Menschen höheres Inneres genannt, jenes Innere, von dem man sich sagte: Es stammt aus höheren, geistig-seelischen Quellen, es hat eine himmlische Heimat. Man dachte es sich mit des Menschen wahrem Ursprung zusammenhängend.

Was man heute in der «Evolutionslehre» das Aufsteigen bis zum Vollkommensten nennt, das wird von der Geisteswissenschaft nicht als irrtümlich hingestellt, sondern es wird anerkannt. Die Evolutionslehre wird von der Geisteswissenschaft vollkommen anerkannt, aber es wird zu gleicher Zeit darauf hingewiesen, dass der Mensch sich nicht in dieser Entwicklung erschöpft, sondern dass diese nur die Außenseite der Menschheitsentwicklung ist.

Wenn wir den Menschen zurückverfolgen, kommen wir zu unvollkommenen sinnlichen Gestalten, aber auch zu dem geistig-seelischen Ursprung des Menschen. Was heute Mensch ist, hatte früher kein physisches Dasein. Der Mensch war ganz geistig. Die physische Leiblichkeit ist die Verdichtung eines einst geistig-seelischen Menschen, wie Wasser zu Eis verdichtet wird.

Dieses Bild wurde oft für die Entstehung des Menschen gebraucht, wenn davon gesprochen wurde, wie nach und nach bis heute der Mensch physisch geworden ist. Die Geisteswissenschaft sieht in urferne Vergangenheit zurück, wo der Mensch geistig-seelisch war. Das Seelische im heutigen Menschen ist sozusagen der letzte Rest dessen, was einst ganz geistig-seelisch war. Wie heute der Mensch im Inneren ist, so wurde er einst aus dem Schoß der Welt geboren.

Das heutige Seelenwesen kann sich läutern und sich wieder mit dem Göttlich-Geistigen vereinigen, aus dem es herausgeboren ist. Dies ist der Prozess der Katharsis. Wenn wir das Seelenwesen in Wahrheit erkennen, sehen wir, dass es nicht von dieser Welt ist, sondern wir sehen im Hintergrund die göttlich-geistige Welt, aus der es herausgeboren ist.

Übersetzen wir das, was ausgesprochen worden ist, in ein sinnliches Bild: Haben wir dann nicht vor uns das Bild, in dem die geistige Welt durch Wolkengebilde versinnlicht ist, aus denen Engelköpfe herausgeboren werden? Haben wir nicht das Bild der Madonna Sixtina von Raffael, die aus der göttlich-geistigen Welt herausgeboren ist?

Was wird aus dem Menschen, der gereinigt ist und der den höheren Menschen gebiert? Was wir die hellseherische Seele nennen, das ist es, was der höhere Mensch gebiert. Versuchen wir es zu verbildlichen, so brauchen wir uns nur die Sixtinische Madonna mit dem wunderbaren Kind in ihren Armen vorzustellen. Das ist ein Bild der menschlichen

Seele, die aus geistigen Welten entsprungen ist. Sie ist das Höchste, was der Mensch hervorbringen kann: eine geistige Geburt, eine Wiederholung der Schöpfertätigkeit der Welt.

Einstmals lag göttliche Geistigkeit unserer Welt zugrunde. Die Welt ist aus dem Gott entsprungen, den wir suchen, der alles durchwebt, dem auch unsere Seele entsprungen ist. Die Seele gebiert den Sohn der Weisheit, der dem Vatergeist ähnlich ist, der dessen Wiederholung ist.

Jetzt verstehen wir, dass Goethe diesem Problem in seiner ganzen mystischen Bedeutung nahetrat, als er den Inhalt des *Faust* im «Chorus mysticus» (s. S. 26) zusammenfassen wollte, in dem er die Seele als das «Ewig-Weibliche» ansprach, das uns zum Ewig-Geistigen der Welt hinanzieht. Heute kann aus den Madonnendarstellungen kaum erkannt werden, was jetzt ausgesprochen worden ist und dem doch eine tiefe Wahrheit zugrunde liegt. Darin liegt verschleiert das größte Menschheitsproblem.

Die Madonnendarstellung verändert im Laufe der Zeiten ihre Gestalt. In den Katakomben finden wir sie als einfache Gestalt, die für das heutige Auge wenig Künstlerisches hat. Bis zum 15. Jahrhundert, bis zu Philippo Lippi, werden diese Madonnenbildnisse immer menschlicher. Dann kommt ein Ruck hinauf zu Michelangelo und Raffael. Es ist so, wie wenn diesen Künstlern zwar nicht ein volles Wissen des Madonnenproblems, aber das deutliche Gefühl einer tieferen Wahrheit aufgegangen wäre.

Es überkommen einen die schönsten Empfindungen vor der sogenannten Pietà des Michelangelo, wo die Madonna da sitzt mit dem Leichnam auf den Knien. Die Madonna ist jugendlich schön. Es war damals eine vielfach berührte Frage, warum Michelangelo sie so jugendlich schön dargestellt hat. Michelangelo selbst wurde darum gefragt, und er sagte: Es sei eine Erfahrung, dass jungfräuliche Frauen ihre Jugendfrische erhalten: Wie sollte er nicht auch berechtigt sein, die Gottesmutter so darzustellen!

Wir fühlen auch in den Bildern Raffaels diese Anschauung, auch wenn er sie nicht aussprach.

Wir können dies nur verstehen, wenn wir weit zurück in die Zeiten gehen, in denen noch äußerlich lebend das war, was uns in den Madonnen als unbewusst Künstlerisches entgegentritt. Wir können das Madonnenproblem in aller Welt finden. Im alten Indien würden wir die Göttin mit dem Krishna-Kind, im chinesischen Gottesdienst ähnliche Bilder finden. Im bezeichnendsten Sinn stellt dies Isis mit dem Horus-Kind dar.

In gewisser Beziehung haben wir hier den Schlüssel zur richtigen Erfassung der Madonnendarstellung. Wir müssen aber unsere Aufmerksamkeit auf die Weisheit Ägyptens lenken, die zu dieser merkwürdigen Göttergestalt hingeführt hat – auf das, was für uns die Weisheit ist, die sich in der Sage von Osiris und Isis ausdrückt und die tiefgründig in das Menschheitsproblem hineinführt:

Osiris herrscht im goldenen Zeitalter unter den Menschen, vermählt mit seiner Schwester Isis, als Mensch mit göttlicher Macht und Tugend – bis er von seinem Bruder Seth bei einem Gastmahl auf sonderbare Weise getötet wird. Seth lässt einen Kasten formen und veranlasst Osiris, sich hineinzulegen. Er schlägt den Kasten zu und übergibt ihn den Wassern. Isis sucht ihren Gatten. In Asien bei Biblos findet sie den Leichnam und bringt ihn heim. Seth zerstückelt ihn. Von Isis werden die Stücke wieder zusammengesucht und begraben, daher die vielen Osiris-Gräber in Ägypten.

Osiris wird jetzt zum König der Toten. Vom Jenseits trifft sein Strahl den Kopf der Isis und diese gebiert den Horus, der hier auf der Erde Herrscher wird, der aber aus dem Jenseits entstanden ist. Horus ist jetzt Herrscher in der sinnlichen Welt, Osiris im Totenreich. Während die Seele hier der Gewalt des Horus untersteht, kommt sie, wenn sie den Körper verlässt, in das Reich des Osiris. Sie wird dann selbst ein Osiris.

Im ägyptischen Totenbuch wird jede Seele als Osiris angesprochen, sie wird mit ihm vereinigt. So blicken wir im Sinne des alten Ägyptens auf zwei Reiche: auf das sinnliche Reich des Horus und auf das Reich des Todes, das Reich des

Osiris, der einst auf dieser Erde herrschte. Ein Eingeweihter kann schon zu Lebzeiten Osiris' Gebiet betreten. Er wird selbst ein Osiris, wenn er sich aller Leidenschaft für das Physische entreißt. Er wird eine geläuterte Seele und dadurch mit Osiris vereint.

Was stellt uns diese Sage dar? Es ist eine kindliche Vorstellung, wenn behauptet wird, diese Sage stelle den jährlichen Lauf der Sonne dar – Osiris sei die Sonne, Isis als Mond suche die Sonne, um von ihr bestrahlt zu werden. Nur solche, die nicht wissen, dass nie die Natur in dieser Weise umgedichtet wird, können solches behaupten. In Wirklichkeit ist es der bewusste Ausdruck einer tiefen Wahrheit.

Welches sind die Zeiten, in denen Osiris herrschte? Osiris herrschte, als die Menschen selbst noch geistig-seelische Wesen waren, die ihm gleich waren. Wenn vom «goldenen Zeitalter» gesprochen wird, ist eine uralte Vergangenheit gemeint, wo der Mensch noch geistig-göttlich unter Göttern weilte. Seth, oder Typhon, ist jene Wesenheit, die den Menschen mit dem physischen Leib umgab. Wir sehen, wie der rein geistige Osiris in den Kasten des physischen Leibes gelegt wird. Weil aber Osiris eine Wesenheit ist, die nicht heruntersteigen kann, ist dies für ihn gleichbedeutend mit dem Tod.

Der Übergang vom geistig-seelischen Reich zur physisch-sinnlichen Entwicklungsepoche der Menschheit ist hier dargestellt. Osiris konnte nicht in dieses physische

Reich hinein. Er wurde König in jener Welt, in die nur Tote oder Hellsehende eindringen.

Was ist dem Menschen aus jenem Reich geblieben? Seine Seele, sein geistig-seelisches Wesen, das ihn hinzieht zu der Urheimat des Geistig-Seelischen, zu Osiris. Die Menschenseele ist Isis, das Ewig-Weibliche, das uns zu dem Reich hinzieht, aus dem wir herausgeboren sind. Wenn Isis sich reinigt, wird sie aus der höheren Welt befruchtet. Sie gebiert den höheren Menschen, der den Sieg über alles niedere Menschliche erringen wird.

So blicken wir auf Isis als die Repräsentantin der Menschenseele, als das, was in uns zurückgeblieben ist, was den Osiris sucht und ihn nur im Tod oder in der Einweihung finden kann. Das ist die Seele, die immer durch Osiris, den göttlichen Geist, befruchtet wird und das schönste Kind (Horus) gebiert, das als der «Menschensohn» das ganze geistige Weltall in uns wiedererstehen lässt.

So blicken wir hinein in das Reich hinter dem Sinnlich-Physischen, indem wir uns diese ägyptische Sage vor die Seele malen. Wir blicken in die Zeit, da der Mensch noch bei den Müttern war, da Isis noch nicht im physischen Leib eingeschlossen war, noch mit Osiris vereint war im goldenen Zeitalter.

Das höchste menschliche Ideal erscheint uns dann durch die Menschlichkeit selbst befruchtet: durch den Christus. Ins Reich der Mütter werden wir hineingeführt. In Goethes

Faust erscheinen drei Mütter auf goldenem Dreifuß sitzend. Die Menschenseele hat da ihre Entwicklung in Zeiten durchgemacht, da sie noch nicht im menschlichen Leib war.

Was wir heute als menschliche Befruchtung und Geburt vor uns haben, ist ein letztes Nachbild früherer Gestaltung derselben Sache. In der leiblichen Mutter sehen wir sozusagen die letzte, physische Gestalt einer geistigen Mutter, die hinter ihr ist und die aus dem Weltall heraus befruchtet wird – wie wir unsere Seele durch die höhere Erkenntnis aus dem Weltall selbst befruchtet erhalten.

Wir sehen zurück zu immer geistigeren Gestaltungen der Befruchtung und der Fortpflanzung. Deshalb spricht man im geisteswissenschaftlichen Sinn nicht von einer Mutter, sondern von drei Müttern.

Es gibt Darstellungen der Isis, die uns drei Mütter darstellen. Vorne haben wir eine Gestalt ähnlich einer primitiven Madonna: Isis mit dem Horus-Kind an der Brust. Hinter dieser haben wir eine zweite Isis, auf ihrem Haupt die zwei Kuhhörner, die Weltkugel tragend, das Henkelkreuz dem Kind reichend. Was vorne physisch-menschlich ist, ist hier schon vergeistigt. Und hinter der zweiten Isis sehen wir eine dritte Isis, die einen Löwenkopf trägt.

Das stellt drei verschiedene Entwicklungsstufen der menschlichen Seele dar. Drei Naturen trägt unsere Seele in sich: eine willensartige Natur – ihre in den tiefsten Gründen befindliche Wesenheit –, eine gefühlsartige Natur, und eine weisheitsartige Natur. Das sind die drei «Seelenmütter». Sie treten uns in den drei Gestalten der Isis entgegen.

Was hinter der ersten, sinnlichen Mutter als die geistige Mutter, als die Isis aus der geistigen Vorzeit, sich findet, was da bei der Gestalt der Isis am Kopf als Kuhhörner und in der Mitte als Weltkugel angebracht ist, das ist ein tiefsinniges Sinnbild. Die von der alten Zahlenlehre etwas verstanden, haben stets gesagt: Die heilige Dreizahl stellt das Göttlich-Männliche im Weltall dar. Bildlich wurde diese heilige Dreizahl durch die Weltkugel (die Geierflügel) und die Kuhhörner oder Mondsichel dargestellt.

Das war eine Art von Ausdruck für die befruchtende Wirkung in der Welt. Die Weltkugel ist ein Ausdruck für die schaffenden Kräfte in der Welt. So steht hinter der sinnlichen Isis deren Repräsentantin, die geistige Isis, die von dem Göttlich-Männlichen befruchtet wird, das alle Welt durchwebt. Es wird der Befruchtungsprozess noch als etwas dargestellt, was dem Erkenntnisprozess nahesteht.

Der Erkenntnisprozess ist ein Befruchtungsprozess. (s. «Adam erkannte sein Weib»[3] etc.) Was wir heute als Geistiges aufnehmen, das «gebiert» das Geistige in der Seele. Das

3 s. 1. Buch Mose 4,1: «Und Adam erkannte seine Frau Eva, und sie ward schwanger und gebar den Kain und sprach: Ich habe einen Mann gewonnen mithilfe des Herrn.»; 4,25: «Adam erkannte abermals seine Frau, und sie gebar einen Sohn, den nannte sie Set: ‹Denn Gott hat mir einen andern Sohn gegeben für Abel, den Kain erschlagen hat.›»

ist etwas, was den letzten Rest der alten geistigen Befruchtungsart darstellt – wie wir den Geist aufnehmen, um den Sohn zu gebären. So wird uns das in der Isis dargestellt, die im Haupt befruchtet wird. Was da zum Ausdruck kommt, zeigt uns, wie wir auch heute vom Weltgeist befruchtet werden, wie wir ihn in die menschliche Seele aufnehmen, um das menschliche Erkennen, Fühlen und Wollen zu empfangen.

Dem Kind (Horus) wird nicht ein sinnlicher Nahrungsstoff gereicht, sondern das Zeichen des Lebens: das Henkelkreuz, die Svastika – der Geist des Lebens in einem Sinnbild. Hinter der geistigen Mutter steht dann die Urkraft alles Lebens als Isis mit dem Löwenkopf dargestellt – der göttliche Wille hinter allem.

Da haben wir die drei Mütter, die belebenden Kräfte dem Sohn reichend. Es ist ein symbolischer Ausdruck einer tiefen Weltwahrheit. Das Isis-Sinnbild wurde durch die neuere Zeit aufgenommen und umgestaltet gemäß dem Fortschritt, den die Menschheit durch das Erscheinen des Christus macht. Der Christus Jesus ist das große Vorbild für all das, was die menschliche Seele werden soll, was sie aus sich gebären soll. In der Madonna tritt uns wiedergeboren die Isis entgegen, in entsprechender Weise gesteigert, verklärt.

In den Madonnenbildern sehen wir, dass die Kunst die Auslegerin der Wahrheit ist, wie Goethe sagt.

Wenn unser Blick, vom Gefühl durchdrungen, die Madonnenbilder anschaut, erhält die Seele etwas von dem großen Welträtsel mitgeteilt, wie in uns suchend das Ewig-Weibliche sich nach dem Vatergeist sehnt, den wir als Sohn in der eigenen Seele gebären. Was wir als Mensch sind und wie wir als Mensch mit der Welt zusammenhängen, das tritt uns in den Madonnenbildern entgegen.

Daher sind uns diese Madonnenbilder etwas so Heiliges. Daher können wir das wie etwas empfinden, was aus dem Weltall herausgeboren ist, wo sich die unbestimmten Wolkengebilde zu Engelsköpfen formen und aus dem Ganzen die Madonna erscheint, die Repräsentantin der menschlichen Seele. Diese hält im Arm wiederum den Menschen: das, was als das Beste im Menschen schlummert, was als Geist die Welt durchpulst – den höheren Menschen, der in jedem Menschen schlummert.

So hat Goethe auch gefühlt, als er den Faust durch die verschiedenen Stufen führte, die zu den höheren Erkenntnissen und zum höheren Leben hinaufführen. Deshalb lässt er ihn zu den Müttern gehen. Diese Weisheit kann Faust nur bei den Müttern lernen: das Ewige zu suchen und zu finden, jenes Ewige, durch das Euphorion entsteht, die schönste Seelengeburt.

Weil Goethe durch die Madonna die menschliche Seele repräsentiert erschien, lässt er im Chorus mysticus das Seelenrätsel in den Worten zum Ausdruck kommen: «Das

Ewig-Weibliche zieht uns hinan.»[4] Deshalb ist es auch Raffael in diesem Wunderbild so schön gelungen, zurück zu den Gefilden hinaufzuführen, von denen die alten Isis-Bilder herunterführen.

Von dem, was rein geistig ist, was wir nur sinnbildlich in der Isis mit dem Löwenkopf ausdrücken können, von dem steigen wir herunter bis zur menschlichen Isis, die ihre Kraft durch den menschlichen Stoff auf das Horus-Kind überträgt. Unbewusst führt uns Raffael in seiner Sixtinischen Madonna wieder in jenes geistige Reich hinauf, in jene Gebiete, wo die Leiblichkeit uns entgegentritt wie die Madonna, die Repräsentantin der Menschenseele, die geistig-luftig in den Engelsköpfen wird, die sie als Wolkengebilde umschweben.

Die Isis- und Madonnenbilder sind Ausleger tiefster Naturgeheimnisse. Sie sind eine Umschreibung des Wortes Platons: Einstmals war der Mensch ein geistiges Wesen. Er ist dadurch heruntergestiegen, dass er der geistigen Flügel

---

4 Goethe, *Faust,* 2. Teil, «Bergschluchten, Wald, Fels, Einöde»:

Chorus mysticus

Alles Vergängliche
Ist nur ein Gleichnis;
Das Unzulängliche,
Hier wird's Erreichnis;
Das Unbeschreibliche,
Hier ist's getan;
Das Ewig-Weibliche
Zieht uns hinan.

beraubt worden ist, dass er in den sinnlichen Leib gehüllt worden ist. Er wird sich diesem physischen Leib entringen und wieder in die geistig-seelische Welt hinaufsteigen.[5]

Dies verkündete Platon. Dies verkünden die Madonnenbilder, indem sie im schönsten Sinn das sind, was Goethe mit den Worten ausdrücken wollte: Die Kunst ist die würdigste Auslegerin der erkannten Weltgeheimnisse.

Man fürchte nicht, dass die Kunst abstrakt oder gar allegorisch wird, wenn sie gezwungen sein wird, die höheren, geistigen Realitäten anzuerkennen. Man fürchte nicht, dass sie steif und leblos wird, wenn sie sich nicht mehr an das grobe äußere Modell hält. Wenn die Menschheit den Weg zurück zu den geistigen Höhen findet, wird sie erfahren und wissen, dass die wahre Realität in den geistigen Welten ist, und dass derjenige, der diese Realität schaut, lebensvoll schaffen wird, ohne sich sklavisch an das sinnliche Modell zu halten.

Wenn die Kunst eine Darstellerin des Geistigen sein wird, werden Wissenschaft und Kunst eins sein – und sie werden

---

5 vgl. Platon, *Phaidros* 246bc: «Alles, was Seele ist, waltet über alles Unbeseelte und durchzieht den ganzen Himmel, verschiedentlich in verschiedenen Gestalten sich zeigend. Die vollkommene nun und befiederte schwebt in den höheren Gegenden und waltet durch die ganze Welt; die entfiederte aber schwebt umher, bis sie auf ein Starres trifft, wo sie nun wohnhaft wird, einen erdigen Leib annimmt, der nun durch ihre Kraft sich selbst zu bewegen scheint, und dieses Ganze, Seele und Leib zusammengefügt, wird dann ein Tier genannt und bekommt den Beinamen sterblich …» (Übers. Schleiermacher).

in ihrer Vereinigung auch Religion sein. Denn das Geistige wird in den menschlichen Herzen wieder in reiner Form als ein Göttliches wirken und die von Goethe so genannte wahre echte Frömmigkeit erzeugen. Goethe sagt (*Zahme Xenien,* VIII.):

> Wer Wissenschaft und Kunst besitzt,
> Hat auch Religion;
> Wer jene beiden nicht besitzt,
> Der habe Religion.

Wer weiß, was aus der Isis-Madonna spricht, der sieht ein viel Lebendigeres in ihr als im äußeren Modell. Wer durch sie wie durch einen Schleier ins Geistige schaut, der kann in geistiger Freiheit fromm fühlen, und er wird in der Seele eine echte Religiosität gebären.

Christus und die menschliche Seele

(Vier Vorträge, gehalten in Norrköping
vom 12. bis 16. Juli 1914)

Erster Vortrag

Was macht die Seele unsterblich?

Das Wirken von Wille, Weisheit und Liebe

Norrköping, 12. Juli 1914

Meine lieben theosophischen Freunde!

Die Freunde aus Norrköping haben gewünscht, dass ich bei dieser Anwesenheit über ein Thema spreche, das in Beziehung zu jener Wesenheit steht, die uns auf dem Gebiet der Geisteswissenschaft naheliegt und nahegeht – zur Wesenheit des Christus. Und ich habe versucht, diesem Wunsch dadurch nachzukommen, dass ich mir vorgenommen habe, über das Aufleben der Christus-Wesenheit in der menschlichen Seele und über die Bedeutung dieses Auflebens zu sprechen.

Wir werden gerade bei diesem Thema Gelegenheit haben, vom geisteswissenschaftlichen Standpunkt aus über die menschlichste, uns am meisten zu Herzen gehende Bedeutung des Christentums zu sprechen.

Die menschliche Seele: Wir haben, insofern wir geisteswissenschaftlich sprechen, ein kurzes Wort, das zwar nicht alles umfasst, was die menschliche Seele uns bedeutet, das aber auf das hindeutet, was für uns Erdmenschen das Seelische in seinen weiten Grenzen ausfüllt und durchdringt – wir haben das kurze Wort «Ich». Unsere Ich-Wesenheit geht so weit wie unser Seelisches, insofern wir Erdmenschen sind.

Indem wir den Namen der Ich-Wesenheit aussprechen, erinnern wir uns sogleich, dass wir mit dieser Ich-Wesenheit eines der vier Glieder des Menschen bezeichnen. Wir sprechen von vier Gliedern: von dem physischen Leib, dem Ätherleib, dem Astralleib und dem Ich (s. Fachausdrücke S. 222). Und wir brauchen uns nur einiges ins Gedächtnis zu rufen, um Ausgangspunkte für unsere Betrachtung zu finden.

Wir brauchen uns nur ins Gedächtnis zu rufen, dass wir den physischen Leib des Menschen nicht so sehen, als ob für uns seine Gesetze, das Wesenhafte, das er enthält, aus dem zu erkennen wäre, was unsere Erdumgebung darbietet. Wir wissen, dass wir zu drei vorhergehenden Verkörperungen unserer Erde zurückgehen müssen, zur Saturn-, Sonnen- und Mondverkörperung der Erde. Wir wissen, dass in urferner Vergangenheit, während der Saturnverkörperung unserer Erde, der physische Leib seine Veranlagung gewonnen hat, dass während der Sonnenverkörperung der Ätherleib und während der Mondverkörperung der Astralleib seine Veranlagung erfahren hat.

Und was ist unsere Erdentwicklung anderes, als in all ihren Phasen und Epochen das, was dem Ich die Möglichkeit gibt, sich in all seinen Weiten zu verwirklichen? So wie der physische Leib am Ende der Saturnentwicklung, der Ätherleib am Ende der Sonnenentwicklung und der Astralleib am

Ende der Mondentwicklung an einer bedeutungsvollen Stufe angelangt war, so wird unser Ich am Ende der Erdentwicklung an einer bedeutungsvollen Stufe seiner Entwicklung angelangt sein.

Und wir sprechen davon, wenn wir von der Erdentwicklung sprechen, dass unser Ich sich durch drei seelische Glieder hindurchentwickelt: durch die Empfindungsseele, durch die Verstandes- oder Gemütsseele und durch die Bewusstseinsseele. All die Welten, die von diesen drei Seelengliedern umschlossen sind, haben mit unserem Ich zu tun.

Sie sind es, die im Verlauf unserer Erdentwicklung sich zuerst die drei äußeren Glieder, den physischen, den ätherischen und den astralischen Leib, zubereitet haben, die in den aufeinanderfolgenden Kulturepochen der nachatlantischen Zeit sich weiterentwickeln und in zukünftigen Erdepochen sich an den physischen Leib, den Äther- und den Astralleib anpassen werden, sodass die Erde sich dazu vorbereiten kann, zum Jupiter (zur Neuen Erde – s. Fachausdrücke S. 222) hinüberzugehen.

Wir können die Erdentwicklung des Menschen auch seine Seelenentwicklung nennen. Als die Erde begonnen hat, da begann sich auch im Menschen gesetzmäßig das Seelische zu regen. Es arbeitete zuerst an den äußeren Hüllen, dann arbeitete es sich selbst heraus, und jetzt bereitet es sich vor, wieder an den äußeren Hüllen zu arbeiten, damit die Jupiter-Entwicklung vorbereitet werden kann.

Wir müssen uns vor Augen halten, was die menschliche Seele in der Erdentwicklung werden soll. Der Mensch soll Persönlichkeit werden. Die Persönlichkeit bedarf dessen, was man den freien Willen nennen kann, aber auch der Möglichkeit, in sich den Weg zum Göttlichen in der Welt zu finden. Freier Wille auf der einen Seite – die Möglichkeit zu wählen zwischen dem Guten und dem Bösen, dem Schönen und dem Hässlichen, dem Wahren und dem Falschen –, und die Erfassung des Göttlichen auf der anderen Seite, sodass wir uns innerlich frei erfüllt wissen mit dem Göttlichen. Das sind die zwei Zielpunkte der menschlichen Seelenentwicklung auf der Erde.

Die menschliche Seelenentwicklung hat zu diesen zwei Zielpunkten zwei göttliche Gaben empfangen. Die eine Gabe ist dazu bestimmt, in die menschliche Seele die Kräfte hineinzulegen, die zur Freiheit führen, zur Unterscheidung vom Guten und Bösen, vom Schönen und Hässlichen, vom Wahren und Falschen. Und auf der anderen Seite hat dem Menschen während seiner Erdentwicklung eine andere göttliche Gabe werden müssen, um in die menschliche Seele den Keim hineinzulegen, damit die Seele das Göttliche mit sich vereinigt fühlen kann.

Die erste Gabe ist das, was uns im Alten Testament im grandiosen Bild vom Sündenfall und der Versuchung entgegentritt. Die zweite Gabe ist das, was wir mit dem Wort «Mysterium von Golgota» umschreiben.

Ebenso, wie wir es im Sündenfall und in der Versuchung mit dem zu tun haben, was mit dem freien Willen und der Möglichkeit des Guten und des Bösen zusammenhängt, so haben wir es im Mysterium von Golgota mit dem zu tun, was möglich macht, dass die menschliche Seele den Weg zu dem Göttlichen wiederfinden kann, dass sie wissen kann: In ihr kann das Göttliche leuchten, das Göttliche kann sie durchdringen.

In diesen zwei göttlichen Gaben ist das Wichtigste der Erdevolution eingeschlossen, all das von der Erdevolution, was mit dem zu tun hat, was die Seele in ihren tiefsten Tiefen erleben kann, was mit dem tiefsten Wesen und Werden der Menschenseele zusammenhängt.

Inwiefern hängt das, was als diese beiden göttlichen Gaben bezeichnet ist, mit dem Wesen und Werden des Menschlichen, mit dem inneren Erleben der menschlichen Seele zusammen?

Meine lieben Freunde! Ich möchte nicht abstrakt schildern, was ich zu sagen habe, ich möchte von einer ganz konkreten Betrachtung ausgehen. Ich möchte davon ausgehen, wie eine bestimmte Szene des Mysteriums von Golgota in geschichtlicher Überlieferung uns vor Augen steht, wie sie sich in die Herzen und Seelen der Menschen eingeprägt hat.

Setzen wir einen Augenblick voraus, meine lieben Freunde, dass wir in dem Christus Jesus jene Wesenheit haben, die wir oft in unseren Betrachtungen so charakterisiert haben, dass wir in dem Christus Jesus das vor dem geistigen Auge haben, was uns Menschen im ganzen Weltall als das Wichtigste erscheinen muss.

Und dann stellen wir gegenüber dieser Empfindung, gegenüber diesem Gefühl, das Schreien der aufgeregten Menge in Jerusalem vor der Kreuzigung, ihr Wüten bei der Verurteilung. Stellen wir uns die Tatsache vor, dass der hohe Rat zu Jerusalem es für wichtig hält, an den Christus Jesus die Frage zu stellen, wie er sich zu dem Göttlichen verhält, ob er sich als den Sohn Gottes bekennt. Und fassen wir ins Auge, dass der hohe Rat dies für die größte Lästerung hält, die der Christus aussprechen kann.

Halten wir uns weiter vor Augen, dass vor uns die geschichtliche Szene steht, wo das Volk schreit und wütet nach dem Tod des Christus Jesus. Was bedeutet dieses Schreien und Wüten historisch? Fragen wir uns: Was hätte dieses Volk in dem Christus Jesus erkennen sollen? Es hätte in dem Christus Jesus die Wesenheit erkennen sollen, die dem Erdleben Sinn und Bedeutung gibt. Erkennen hätte es sollen in dem Christus Jesus die Wesenheit, die die Tat zu vollbringen hat, ohne die die Menschheit den Weg zum Göttlichen nicht wiederfinden kann, dass ohne diese Wesenheit der Sinn des Erdmenschen nicht da wäre. Es müsste von der Erdentwicklung das Wort Mensch ausstreichen, wenn es das Christus-Ereignis ausstreichen wollte.

Stellen wir uns vor, dass die Menge über jene Wesenheit wütet und sie verurteilt, die die Erdmenschen zu Erdmenschen macht. Liegt darin nicht, dass die Menschheit in ihrer Entwicklung damals an einem Punkt angekommen war, gegenüber dem man sagen kann: Diejenigen, die damals in Jerusalem die Vertretung der Erkenntnis über das Menschenwesen hatten, wussten nicht, was der Mensch ist, was der Mensch auf der Erde werden soll. Nichts Geringeres ist damit gesagt, als dass die Menschheit an einem Punkt angekommen war, wo sie sich selbst verloren hatte, wo sie das verurteilte, was ihr Sinn und Bedeutung gibt. Aus dem Schreien der aufgeregten Menge können wir heraushören: Wir wollen nicht mehr Mensch sein, wir wollen von uns stoßen, was uns einen Sinn als Menschen gibt!

Wenn wir all dieses bedenken, meine lieben Freunde, dann steht uns in einer anderen Weise als sonst vor Augen das, was man im Sinn des paulinischen Christentums das Verhältnis des Menschen zu Sünde und Schuld nennt. Dass der Mensch im Verlauf seiner Entwicklung in Sünde und Schuld verfallen war, die er nicht selbst von sich wegwaschen konnte, und dass es den Menschen möglich wird, Sünde und Schuld von sich abzuwaschen, dazu musste der Christus auf die Erde kommen. Das ist des Paulus Meinung.

Braucht diese Meinung einen Beleg, so ist dieser Beleg in dem Wüten und Schreien derer gegeben, die da rufen: Kreuziget ihn! Denn in diesem Ruf liegt, dass die Menschen nicht wussten, was sie selbst auf der Erde zu bedeuten haben, dass ihre frühere Entwicklung dahin gelangt war, Finsternis über ihr Wesen zu verbreiten.

Damit sind wir aber bei dem angekommen, was wir nennen können die vorbereitende Gesinnung der Menschenseele für ihre Beziehung zur Christus-Wesenheit. Worin besteht diese Gesinnung? Sie besteht darin, dass durch das, was sie in sich erlebt, die Seele fühlt: Ich habe mich seit Erdbeginn so entwickelt, dass ich durch das, was ich in mir entwickelt habe, mein Entwicklungsziel nicht erreichen kann. Wo ist das, an das ich mich klammern kann, damit ich mein Entwicklungsziel erreiche?

So zu fühlen, das ist die vorbereitende christliche Gesinnung. Und wenn dann die Seele das findet, was sie mit ihrer Wesenheit verbunden wissen muss und was ihr Kraft gibt, dann ist dieses Gefundene der Christus. Dann entwickelt die Seele ihr Verhältnis zum Christus. Dann sagt sich die Seele: Im Erdbeginn ist mir eine Wesenheit vorbestimmt worden, die im Laufe der Erdentwicklung in mir verfinstert worden ist. Blicke ich in diese verfinsterte Seele, so fehlt mir die Kraft, diese Wesenheit zu verwirklichen. Blicke ich aber zu der Christus-Wesenheit, dann finde ich diese Kraft.

Da steht dann die menschliche Seele in einem unmittelbaren, persönlichen Verhältnis zu dem Christus. Dann sucht sie den Christus und sie weiß, dass sie ihn nicht finden kann, wenn er sich nicht selbst der Menschheit durch die menschliche Entwicklung gibt, wenn er nicht von außen im geschichtlichen Verlauf zu ihr kommt.

Meine lieben Freunde! Es gibt einen christlichen Kirchenvater, der allgemein anerkannt ist und der nicht davor zurückscheut, Heraklit, Sokrates und Platon Christen zu nennen – Menschen, die «Christen» waren, bevor das Christentum begründet worden ist. Warum tut er das? Ja, meine lieben Freunde: Das, was sich heute Bekenntnisse nennt, verdunkelt so manches von dem, was ursprünglich christliche Lehre war. Augustinus selbst hat gesagt: In allen Religionen ist etwas Wahres, und das ist das Christliche in ihnen. Augustinus durfte das noch sagen; heute wird mancher verketzert, der innerhalb einer christlichen Konfession das Gleiche sagen würde.

Wir kommen am schnellsten zum Verständnis dessen, was der alte Kirchenvater sagen wollte, wenn wir versuchen, uns in das Gemüt jener Seelen hineinzuversetzen, die in den ersten nachchristlichen Jahrhunderten ihr Verhältnis zum Christus finden wollten.

Diese dachten nicht so, als ob der Christus vor dem Mysterium von Golgota ohne Verbindung mit der Erde gewesen wäre. Der Christus hatte immer mit der Erdentwicklung zu tun. Durch das Mysterium von Golgota ist nur seine Aufgabe, seine Mission in der Erdentwicklung eine andere geworden, als sie früher war. Den Christus erst seit dem Mysterium von Golgota in der Erdentwicklung zu suchen, das ist nicht christlich. Wahre Christen wissen, dass der Christus immer mit der Erdentwicklung zu tun hatte.

Wenden wir zunächst den Blick zum jüdischen Volk. Kannte das jüdische Volk den Christus?

Wir reden nicht davon, meine lieben Freunde, ob das jüdische Volk den Christus-Namen kannte, ob das jüdische Volk ein Bewusstsein von all dem hatte, was wir jetzt sagen, sondern wir reden davon, ob der, der das Christentum versteht, sagen kann: Das Judentum hatte den Christus. Man kann auch, meine lieben Freunde, irgendeinen Menschen in seiner Mitte haben, dessen Gestalt man sieht, aber dessen Wesenheit man nicht erkennt.

Im christlichen Sinn hatte das alte Judentum den Christus, nur erkannte es ihn nicht seiner Wesenheit nach. Ist das, was ich sage, meine lieben Freunde, christlich? Es ist christlich, so wahr als es paulinisch ist.

Was war für das alte Judentum der Christus? Es wird im Alten Testament gesagt, dass, als Moses die Juden aus Ägypten durch die Wüste führte, ihnen bei Tag eine Wolkensäule, bei Nacht eine Feuersäule voranging, dass sie durch ein Meer zogen und das Meer sich vor ihnen teilte, sodass sie es durchwaten konnten, während es sich über die Ägypter schloss, sodass sie ertranken. Es wird gesagt, dass die Juden murrten, weil sie kein Wasser hatten, und dass Moses an einen Felsen ging und mit seinem Stab aus dem Felsen

Wasser schlagen konnte, das die Juden labte. Wollen wir auf eine verständliche Weise die Führung der Juden durch Moses aussprechen, so müssen wir sagen: Moses führte die Juden, indem er selbst von seinem Gott geführt wurde. Welcher war dieser Gott? Antworten wir nicht selbst, meine lieben Freunde, lassen wir Paulus antworten. Paulus sagt:

> «Ich will euch aber, liebe Brüder, nicht in Unwissenheit darüber lassen, dass unsre Väter alle unter der Wolke gewesen und alle durchs Meer gegangen sind; und alle sind auf Mose getauft worden durch die Wolke und durch das Meer und haben alle dieselbe geistliche Speise gegessen und haben alle denselben geistlichen Trank getrunken; sie tranken nämlich von dem geistlichen Felsen, der ihnen folgte; der Fels aber war Christus.» (1. Korinther 10, 1-4).

Wir lesen bei Paulus, wer derjenige war, der die Juden führte – der mit Moses sprach, der das Wasser aus dem Felsen laufen ließ, der das Meer von dem Pfad der Juden ableitete. Nur derjenige, der behaupten wollte, dass Paulus kein Christ ist, dürfte behaupten, dass es unchristlich ist, in dem «Herrn» des Alten Testamentes den Christus zu sehen.

Eine Stelle im Alten Testament, meine lieben Freunde, muss für ein tieferes Nachdenken große Schwierigkeiten bereiten. Es ist eine Stelle, die derjenige immer wieder in sich wendet, der nicht gedankenlos das Alte Testament liest.

Was mag diese Stelle bedeuten, fragt er sich. Es ist die folgende Stelle:

> «Und Mose erhob seine Hand und schlug den Felsen mit dem Stab zweimal. Da kam viel Wasser heraus, sodass die Gemeinde trinken konnte und ihr Vieh. Der Herr aber sprach zu Mose und Aaron: Weil ihr nicht an mich geglaubt habt und mich nicht geheiligt habt vor den Israeliten, darum sollt ihr diese Gemeinde nicht ins Land bringen, das ich ihnen geben werde.» (4. Buch Mose 20, 11-12).

Nehmen wir diese Stelle im Zusammenhang des Alten Testamentes, meine lieben Freunde. Der Herr befiehlt Moses, mit seinem Stab an den Felsen zu schlagen, und es kommt Wasser heraus. Alles geschieht, wie der Herr es befohlen hat. Und gleich darauf werden wir unterrichtet, dass der Herr an Moses den Vorwurf macht, dass er nicht an ihn geglaubt hat. Was bedeutet das?

Man versteht diese Stelle nicht, weil hinter dieser Stelle ein bedeutendes Geheimnis sich birgt, das besagen soll: Der «Herr», der den Moses führte, der ihm im brennenden Dornbusch erschien, der ihn durch die Wüste leitete und Wasser aus dem Felsen schlagen ließ, war der Christus. Aber seine Zeit war noch nicht gekommen, selbst Moses erkannte ihn nicht. Selbst Moses hielt ihn für einen anderen. Das bedeutet es, dass Moses nicht «geglaubt» hat an den, der ihm befohlen hat, mit dem Stab an den Felsen zu schlagen.

Und wie erschien der Christus dem Judenvolk? Wir haben es gerade gehört: bei Tag in einer Wolkensäule, bei Nacht in einer Feuersäule; im Trennen des Wassers zu ihrem Heil, in Wolken- und in Feuererscheinungen der Luft. Da war er wirksam. Aber niemals war den alten Juden aufgegangen, dass derjenige, der in der Wolken- und Feuersäule erschien und Wunder wirkte, in seiner ureigensten Form in der Menschenseele erscheint. Warum? Weil durch den Hergang, den die Menschenentwicklung auf der Erde genommen hatte, die Menschenseele die Kräfte verloren hatte, ihr tiefstes Wesen zu erkennen.

So konnte die Judenseele in die Natur schauen und die Herrlichkeit der Elementenereignisse auf sich wirken lassen. Da überall konnte sie ihren Herrn und Gott vermuten. In sich selbst aber, so wie sie damals war, konnte sie ihn nicht finden.

Da haben wir im Alten Testament den Christus, da wirkt er, aber die Menschen haben ihn nicht erkannt. Und wie wirkt er? Sehen wir denn nicht, meine lieben Freunde, im Alten Testament, wie er wirkt? Das Bedeutsamste, was Moses durch Jahves Mund seinem Volk zu geben hatte, waren die Zehn Gebote. Er hat sie aus der Kraft der Elemente erhalten, aus denen Jahve zu ihm sprach. Nicht stieg Moses in die Tiefen seiner eigenen Seele, nicht fragte er in einsamer

Meditation: Wie spricht Gott in meinem Herzen? Er ging auf den Berg und dort enthüllte sich ihm der göttliche Wille.

Wille: Das ist der Grundcharakter des Alten Testamentes. Man nennt ihn auch den Gesetzescharakter. Seinen Willen hat Gott aus den Elementen dem Moses kundgegeben. Wille waltet in der Erdentwicklung – das ist der Sinn des Alten Testamentes. Unterwerfung unter diesen Willen fordert das Alte Testament von den Menschen.

Wir können das Ergebnis mit den Worten zusammenfassen: Es wurde den Menschen der Wille des Herrn kundgegeben, aber die Menschen haben den Herrn, das Göttliche, nicht erkannt. Sie haben es nicht so erkannt, dass sie es mit der eigenen Menschenseele verbunden hätten.

Und nun wenden wir den Blick von den Juden hinweg zu den Heiden. Haben die Heiden den Christus gehabt? Ist es christlich, davon zu sprechen, dass die Heiden den Christus gehabt haben?

Meine lieben Freunde! Die Heiden hatten ihre Mysterien. Die in die Mysterien Eingeweihten wurden dahin gebracht, dass ihre Seele aus dem Leib heraustrat, dass das Band zwischen Leib und Seele gelöst wurde. Dann vernahm die Seele in der geistigen Welt die Geheimnisse des Daseins.

Vieles war mit diesen Mysterien verbunden, mancherlei Kenntnisse stiegen den Eingeweihten auf. Wenn man aber prüft, was das Höchste war, was der Mysterienschüler in sich aufnehmen konnte, so war es, dass er außerhalb seines Leibes vor den Christus hingestellt wurde, wie der Moses an dem Felsen vor den Christus hingestellt wurde. Der Christus war auch für die Heiden da, aber er war nur in den Mysterien für sie da. Er enthüllte sich nur, wenn die Seele außerhalb des Leibes war. Und auch wenn die Heiden ebenso wenig wie die Juden die Wesenheit, von der gesprochen worden ist, als den Christus erkannt haben – der Christus war auch für die Heiden da.

Für die Heiden waren Mysterien eingerichtet worden. In die Mysterien wurden diejenigen aufgenommen, die reif waren. Durch diese Mysterienschüler wirkte der Christus in die heidnische Welt hinein. Warum wirkte er so? Er wirkte so, weil die Menschenseele die Kräfte verloren hatte, ihre wahre Wesenheit zu ergründen. Die wahre Wesenheit der Menschenseele konnte sich nur dann enthüllen, wenn sie nicht in den Banden der Menschheit war, wenn sie nicht mit dem Leib verbunden war. Es musste der Christus die Menschen so führen, dass sie in den Mysterien ihrer Menschheit entkleidet wurden.

Der Christus war auch für die Heiden da, er führte sie in den Einrichtungen der Mysterien – aber es war überall nicht das da, dass die Menschenseele hätte sagen können: Wenn ich meine eigenen Kräfte entfalte, finde ich in mir den Sinn der Erde. Diese Kräfte waren in zu tiefe Regionen der Seele hinuntergedrängt worden.

Wenn die Heiden auf ihre Seele das wirken ließen, was den Mysterienschülern gegeben wurde, dann war es Weisheit:

- Den Juden wurde durch das Gesetz der Wille gegeben,
- den heidnischen Mysterienschülern wurde die Weisheit gegeben.

Blicken wir auf diese heidnische Weisheit hin, so können wir sie in das Wort zusammenfassen: Durch Weisheit konnte der Mensch, wenn er nicht Mysterienschüler war, seinen Gott nicht als solchen erkennen. Durch die Weisheit konnte sich die Gottheit für die Menschen ebenso wenig enthüllen wie durch den Willen.

Wir finden ein Wort, das wie eine gewaltige Forderung an die Menschheit wundervoll durch das griechische Altertum ertönt. Aber dieses Wort stand am Eingang des apollinischen Heiligtums, am Eingang eines Mysterientempels: O Mensch, erkenne dich selbst! Was sagt uns dieses Wort?

Es sagt uns, dass man überall draußen, wo der Mensch so bleibt, wie er seit dem Urbeginn der Erde geworden ist, dass man überall draußen die Forderung: O Mensch, erkenne dich selbst! nicht erfüllen konnte. Der Mensch musste die Bande zwischen Leib und Seele lösen, um sich selbst zu erkennen. Dieses Wort weist uns darauf hin, dass Verfinsterung eingetreten war für die Menschheit, dass der Gott nicht durch Weisheit zu erringen war, ebenso wenig wie er sich als Wille enthüllen konnte.

Wir sehen im historischen Verlauf die Menschenseele so dastehen, dass selbst Moses denjenigen nicht erkennt, der ihn führt. Und wir sehen an den Heiden, dass nur in den Mysterien erfüllt werden konnte die Forderung: O Mensch, erkenne dich selbst! Es tönt herüber zu uns das Wort: Nicht durch den Willen und nicht durch die Weisheit ist der Gott zu erkennen. Durch was sollte der Gott erkannt werden?

Wir haben öfter den Zeitpunkt charakterisiert, in dem der Christus in die Menschheitsentwicklung eingetreten ist. Wir wollen uns heute den Sinn dessen vor Augen führen, dass weder durch den Willen noch durch die Weisheit das Göttliche zu enthüllen war. Welchen Sinn hat das?

Meine lieben Freunde! Es wird mancherlei über die Beziehung des Menschlichen zum Göttlichen gesagt, aber man spricht nicht von dem besonderen Verhältnis, das der Mensch als solcher zum Göttlichen hat. Man spricht so, dass nicht zu unterscheiden ist, wie sich das Menschliche und wie sich etwas anderes Irdisches zum Göttlichen verhält.

Heute finden wir noch immer, dass Philosophen sich durch reine Philosophie zum Göttlichen erheben wollen. Aber durch Philosophie kann man nicht zum Göttlichen kommen. Man kommt durch Philosophie dazu, zu wissen, dass ein Göttliches waltet in der Welt und dass die menschliche Seele nach dem Tod irgendwie mit dem Weltall verbunden sein muss. Aber wie die Menschenseele mit dem

Weltall verbunden ist, dazu kann man durch reine Philosophie nicht kommen. Warum nicht?

Aus den heutigen Betrachtungen werden wir uns sagen können: Was sich vom Erdmenschen zwischen Geburt und Tod enthüllt, das ist in seinen Kräften zu schwach, um etwas wahrzunehmen, was über das Irdische hinausgeht, was in das Göttliche hineinführt.

Wir wollen einmal über den Sinn der Unsterblichkeit forschen. Viele Menschen wissen heute gar nicht, was der Sinn der menschlichen Unsterblichkeit ist.

Sie reden von Unsterblichkeit auch dann, wenn der Mensch nach dem Tod irgendeinen Platz im All findet. Das tut aber jedes Wesen: Der Kristall, der sich auflöst, geht in das All über; die Pflanze, die verwelkt, geht in das All über; das Tier, das abstirbt, geht in das All über. Für den Menschen verhält sich aber die Sache ganz anders. Für den Menschen hat die Unsterblichkeit nur einen Sinn, wenn er sein Bewusstsein durch die Pforte des Todes tragen kann.

Denken wir uns eine «unsterbliche» Menschenseele, die nach dem Tod unbewusst ist. Eine solche Unsterblichkeit hätte keinen Sinn, hätte nicht den geringsten Sinn. Bewusst muss die Menschenseele durch den Tod gehen, wenn sie von ihrer Unsterblichkeit sprechen will. Wie die Seele aber mit dem Leib vereint ist, kann sie nichts in sich finden, von dem sie sagen kann, dass sie es bewusst durch den Tod tragen kann. Das Bewusstsein des Menschen ist eingeschlossen zwischen Geburt und Tod, es reicht nur bis zum Tod.

In dieses Bewusstsein leuchtet hinein der göttliche Wille. Lesen wir im Buch Hiob, ob dieses Hereinleuchten den Menschen dazu bringen kann, sich sagen zu können: Ich gehe mit Bewusstheit durch die Pforte des Todes, ob dieses Hereinleuchten den Menschen dazu bringen kann, dass sein Bewusstsein aufgerüttelt wird und solche Kräfte aus sich heraustreibt, dass er sich sagen kann: Ich gehe mit Bewusstheit durch die Pforte des Todes.

Wie mutet uns das Wort an, das der Seele des Hiob zugesprochen wird: «Sage Gott ab und stirb!» (Hiob 2,9). Wir sehen, dass der Mensch unsicher ist, ob er mit Bewusstheit durch die Pforte des Todes geht. Und stellen wir dazu das Wort, das uns die Furcht des Griechen vor dem Tod vor die Seele stellt: Lieber ein Bettler in der Oberwelt, als ein König im Reich der Schatten (*Odyssee,* 11. Gesang), dann haben wir auch aus dem Heidentum den Beleg dafür, wie unsicher die Menschen geworden waren über den Sinn der Unsterblichkeit. Und wie unsicher sind heute noch die Menschen, die davon sprechen, dass der Mensch im Weltall aufgeht, dass er sich mit irgendeinem Allwesen verbindet! Sie achten nicht auf das, was die Seele sich zuschreiben muss, wenn sie eine Unsterblichkeit haben soll.

Wir brauchen nur ein Wort auszusprechen, meine lieben Freunde, und wir werden erkennen, wie der Mensch zu seiner Unsterblichkeit stehen muss. Dieses eine Wort ist das Wort «Liebe». All das, was wir über die Unsterblichkeit gesagt haben, können wir mit dem in Zusammenhang bringen, was das Wort Liebe bezeichnet.

Liebe ist nichts, was wir uns durch Willen aneignen, nichts, was wir uns durch Weisheit aneignen. Liebe sitzt in der Region der Gefühle, aber wir müssen uns zugestehen, dass wir nicht die Seele sein können, die wir sein sollen, wenn die Seele nicht von Liebe erfüllt ist. Wir kommen darauf, wenn wir in das Wesen der Seele eindringen, dass es so ist.

Denken wir uns, meine lieben Freunde, wir gingen durch die Pforte des Todes so, dass wir unsere menschliche Individualität verlieren und uns mit einer Allgöttlichkeit vereinigen. Dann wären wir in der Gottheit drinnen, dann könnten wir Gott nicht mehr lieben. Zugeben müssen wir, dass wir unsere Individualität nicht durch den Tod tragen können, wenn wir im Tod die Liebe verlieren. In dem Augenblick, wo die Liebe aufhört, hört die Individualität auf. Lieben kann ein Wesen das andere Wesen nur, wenn das andere Wesen von ihm getrennt ist.

Wenn wir die Gottheit lieben sollen, dann müssen wir durch den Tod das tragen, was in uns die Liebe entzündet.

Meine lieben Freunde! Soll dem Menschen der Sinn der Erde beigebracht werden, dann muss ihm Aufschluss über seine Unsterblichkeit so beigebracht werden, dass sein

Wesen unzertrennlich von der Liebe gedacht wird. Nicht Wille und nicht Weisheit kann dem Menschen geben, was er braucht. Geben kann dem Menschen, was er braucht, nur die Liebe.

Was war verdunkelt worden im Verlauf des Entwicklungsgangs des Menschen über die Erde? Nehmen wir die Heiden, oder nehmen wir die Juden: Verdunkelt war das Bewusstsein über den Tod hinaus. Es gab ein Bewusstsein zwischen Geburt und Tod, aber außerhalb von Geburt und Tod gab es Dunkelheit. Es gab nichts als das Bewusstsein des Erdlebens.

«O Mensch, erkenne dich selbst!» stand am Eingang des griechischen Heiligtums. Eine heiligste Forderung an die Menschheit war im griechischen Heiligtum. Aber die Menschen konnten sich nur die Antwort geben: Wenn ich so mit meinem Leib verbunden bleibe, wie ich es als Erdmensch bin, kann ich mich nicht mit meiner Seele in einer Individualität erkennen, die über den Tod hinaus lieben kann. Das kann ich nicht.

Die Erkenntnis, dass man über den Tod hinaus als Individualität lieben kann, das war es, was den Menschen verloren gegangen war.

Tod ist nicht das Aufhören des physischen Leibes – das kann nur ein Materialist sagen. Denken wir uns, die Menschen würden so sicher wissen, dass sie mit Bewusstsein durch den Tod gehen, wie sie wissen, dass die Sonne morgen aufgehen wird: Dann hätte der Tod keinen Stachel für die Menschen, dann wüssten die Menschen im Leib, dass der Tod nur eine Erscheinung ist, die von einer Form zur anderen führt.

Unter «Tod» versteht auch Paulus nicht das Aufhören des physischen Leibes, sondern unter Tod versteht er die Tatsache, dass das Bewusstsein nur bis zum Tod reicht. Wo Paulus vom Tod spricht, können wir überall hinzusetzen: Mangel eines Bewusstseins über den Tod hinaus.

Was gibt das Mysterium von Golgota dem Menschen? Steht mit dem Mysterium von Golgota vor den Menschen eine Summe von Naturereignissen – eine Wolkensäule, eine Feuersäule? Nein, ein Mensch steht vor den Menschen, der Christus Jesus. Erfüllt sich mit dem Mysterium von Golgota, dass ein Meer sich spaltet, damit das Volk Gottes es durchwaten kann? Nein, ein Mensch steht da und macht Lahme gehend und Blinde sehend. Von einem Menschen geht das aus.

Der Jude musste in die Natur hinausschauen, um seinen göttlichen Herrn zu erkennen – einen Menschen konnte man jetzt sehen, von einem Menschen konnte man so reden, dass Gott in ihm lebt.

Der Heide musste eingeweiht werden, er musste die Seele aus dem Leib herausziehen, um dem Christus gegenüberzustehen. Er konnte den Christus nicht auf der Erde finden, er konnte nur wissen, dass er außerhalb der Erde ist. Das aber, was außerhalb der Erde war, ist auf die Erde gekommen und hat einen Menschenleib angenommen. In dem Christus Jesus steht als Mensch vor den Menschen die Wesenheit, die in den Mysterien vor der leibfreien Seele gestanden hatte.

Und was ist dadurch geschehen? Der Anfang ist dadurch gemacht worden, meine lieben Freunde, dass die Kräfte, die der Mensch in der Erdentwicklung seit Erdbeginn verloren hatte und durch die ihm seine Unsterblichkeit verbürgt wird, dass diese Kräfte durch das Mysterium von Golgota wieder zu dem Menschen zurückkommen. In der Überwindung des Todes auf Golgota haben die Kräfte ihren Ursprung genommen, die in der Menschenseele die verloren gegangenen Kräfte anfachen werden.

Und des Menschen weiterer Weg durch die Erdentwicklung wird der sein, dass er den Christus immer mehr aufnehmen und in sich das entdecken wird, was über den Tod lieben kann. Er wird als unsterbliche Individualität seinem Gott gegenüberstehen. Erst durch den Christus ist das Wort wahr geworden: Liebe Gott über alles und deinen Nächsten wie dich selbst.

- Wille wurde gegeben aus dem brennenden Dornbusch und aus den Geboten;
- Weisheit wurde gegeben in den heidnischen Mysterien.
- Liebe aber wurde gegeben, indem ein göttlicher Geist in dem Christus Jesus Mensch geworden ist.

Vom Mysterium von Golgota geht die Bürgschaft dafür aus, dass durch die wiedergewonnenen Kräfte unserer Seele eine Liebesgemeinschaft zwischen dem Menschen und Gott und zwischen allen Menschen untereinander gestiftet werden kann. Die Seele des Menschen hat im Mysterium von Golgota das gefunden, was sie seit Erdbeginn verloren hatte, weil ihre Kräfte immer schwächer geworden waren.

Es sind drei Kräfte in den drei Seelengliedern: Wille, Weisheit und Liebe. In der Liebe erlebt die Seele ihr Verhältnis zu dem Christus.

Von einer gewissen Seite her, meine lieben Freunde, wollte ich uns das heute vor Augen führen. Was heute aphoristisch geklungen hat, wird seinen Zusammenhang in den Betrachtungen der nächsten Tage finden.

Das aber können wir tief in unsere Seele schreiben, dass ein Fortschritt in der Christus-Erkenntnis ein realer Erwerb für die Menschenseele ist. Wenn wir die Beziehung der Menschenseele zum Christus betrachten, wird uns auch recht klar, dass vor dem Mysterium von Golgota wie eine Hülle war zwischen der Menschenseele und dem Christus. Diese Hülle ist durchbrochen worden durch das Mysterium von Golgota und wir können mit Recht sagen: Eine kosmische Wesenheit ist durch den Tod in das Erdleben eingeflossen. Eine überirdische Wesenheit hat sich mit der Erde verbunden.

Gestatten Sie eine Bemerkung, meine lieben Freunde, die ich auch unter Ihnen machen möchte. Die Vorwürfe, die Gegnerschaft gegen unsere geisteswissenschaftliche Lehre werden immer stärker. Mit viel Recht kämpfen diese Gegner nicht, aber sie sind da.

Überlegen wir uns einmal ein Wort, das in den letzten Tagen auch hier wiederholt worden ist – ein Wort, das von der anderen Seite gesprochen worden ist. Ich meine das Wort, mit dem da gesagt worden ist, dass es etwas Unchristliches ist, von dem Christus als von einem kosmischen Wesen zu sprechen. Es ist gesagt worden, dass es unchristlich ist, von einem kosmischen Prinzip, von einem kosmischen Wesen zu sprechen, während die Menschheit gerade das gewonnen hat, was die Evangelien über das Menschliche des Jesus erzählen.

Menschen, die so sprechen, dünken sich recht christlich. Aber viele, die sich recht christlich dünken, bemerken nicht, dass sie der wahren Christlichkeit ins Gesicht schlagen. Es wurde gesagt: Der Christus, so wie er uns entgegentritt, ohne dass man auf das Kosmische Rücksicht nimmt, wird in der Menschenseele leben, so lange die Erde besteht.

Man merkt nicht, wie unevangelisch gerade mit einem solchen Wort die Leute reden. Ist das ein christlicher Standpunkt, der uns verketzert, der unser Christentum bedenklich findet? In ihm lebt nicht nur in den Begriffen, sondern auch in den Lebensgewohnheiten der Seele nicht mehr das richtige Christentum, sonst könnte man ein solches Wort gar nicht hinschreiben. Denn wer schreibt: «Solange die Erde besteht, so lange wird der Christus in den Herzen der Menschen leben», der hat die Worte der Evangelien vergessen: «Himmel und Erde werden vergehen; aber meine Worte werden nicht vergehen.» (Matthäus 24,35; Markus 13,31; Lukas 21,33).

Damit ist aber auch, meine lieben Freunde, der Christus als kosmische Wesenheit hingestellt. Und derjenige, der dieses Wort wahr macht, der spricht christlich, der spricht von dem Christentum, das nicht bloß in den Büchern, sondern auch in den Sternen steht. Wir müssen uns schon zuweilen verständigen, wessen Geistes manche Gegnerschaft gegen uns ist.

Was die Menschenseele mit dem Christus in sich erleben kann, davon wollen wir in den nächsten Tagen sprechen.

Zweiter Vortrag

Wie werden Ideale Wirklichkeit?

Der Geist, der alle Menschen eint

Norrköping, 14. Juli 1914

Meine lieben theosophischen Freunde!

Wenn wir den Tag über leben und wissen, was wir der Sonne zu verdanken haben, wie unsere Lebensaufgaben mit dem Sonnenlicht zusammenhängen, so denken wir nicht daran, dass durch diesen Genuss des Sonnenlichtes, durch die Befriedigung, die wir durch das Sonnenlicht haben, unbewusst eines einhergeht: Wir wissen, dass am nächsten Morgen die Sonne wieder aufgehen wird.

Das ist ein Zeichen dafür, dass in unserer Seele ein Vertrauen in die fortdauernde Wirklichkeit der Weltordnung lebt. Wir machen es uns vielleicht nicht immer klar, aber, wenn wir gefragt würden, würden wir ganz gewiss in dem Sinne antworten, der hier gemeint ist. Wir geben uns unserer Arbeit hin, weil wir wissen, dass uns die Früchte unserer Arbeit gesichert sind.

Wir wenden den Blick auf die Pflanzendecke der Erde. Wir bewundern, was die Pflanzendecke der Erde uns in diesem Jahr darbietet, wir ernähren uns von den Früchten der Erde. Wir wissen, dass aus den Keimen dieses Jahres das nächste Jahr die gleiche Pflanzen- und Früchtedecke hervorgehen wird. Und würden wir gefragt, warum wir so sicher dahinleben, so würden wir die Antwort geben: Uns erscheint es verbürgt durch die Wirklichkeit der Weltordnung, dass im Reich der Wirklichkeit die Saaten herangereift wiedererscheinen.

Aber es gibt etwas, meine lieben Freunde, demgegenüber wir eine Stütze brauchen, wenn wir an die Verbürgung durch die Wirklichkeit denken. Das ist etwas, wofür uns im Seelenleben von ganz besonderer Bedeutung ist, eine Sicherheit zu haben. Ein einziges Wort zeigt uns gleich, dass es in uns etwas gibt, wofür wir eine solche Bürgschaft brauchen, weil es für den real denkenden und fühlenden Menschen nicht eine solche Bürgschaft in sich trägt. Das ist das Wort «Ideale».

Was alles, meine lieben Freunde, schließt das Wort «Ideale» ein! Unsere Ideale gehören zu dem, was für unsere Seele, wenn wir in einem höheren Sinn denken und fühlen, wichtig ist an der äußeren Wirklichkeit. Sie sind das, was unsere Seele innerlich beflügelt, was unserer Seele das Leben wertvoll und teuer macht. Und wenn wir auf das hinblicken, was uns die Wirklichkeit des Lebens verbürgt, dann werden wir oft von dem Gedanken gequält: Enthält diese Wirklichkeit auch etwas, was gerade das Wertvollste im Leben verbürgt: die Verwirklichung unserer Ideale?

Unzählige Konflikte der Menschenseele gehen daraus hervor, dass die Menschen zweifeln an der Verwirklichung dessen, an dem sie mit allen Fasern ihrer Seele hängen – an der Verwirklichung ihrer Ideale. Wir werden, wenn wir unbefangen die physische Welt betrachten, unzählige Menschenseelen finden, die die herbsten, die stärksten Seelenkämpfe an dem Nichterreichen dessen durchmachen, was sie in idealem Sinn für wertvoll halten. Wir können nicht aus der Evolution der Wirklichkeit heraussaugen, dass sich unsere Ideale im Leben so als Keime für eine zukünftige Realität erweisen, wie sich die Pflanzenkeime dieses Jahres als Anlage für die Pflanzendecke des nächsten Jahres erweisen.

Wir wissen, die Pflanzenkeime tragen das in sich, was im nächsten Jahr ausgereift sein wird. Richten wir aber den Blick auf unsere Ideale, dann können wir zwar den Glauben in unserer Seele hegen, dass sie für das Leben einen Wert und eine Bedeutung haben. Aber im gleichen Sinn eine Sicherheit haben, das können wir für die Ideale nicht. Wir möchten von den Idealen, dass sie ein Keim für die spätere Zukunft werden. So finden wir unsere Seele mit ihrem Idealismus oft in einer verzweifelten Lage.

Gehen wir von der physischen Welt in die Welt des Okkulten, in die Welt der verborgenen Geistigkeit. Derjenige, der ein Geistesforscher geworden ist, lernt die Seelen erkennen, die in der Zeit zwischen Tod und neuer Geburt leben.

Und es ist bedeutungsvoll, den Blick auf die Seelen hinzuwenden, die mit hohen Idealen gesättigt waren, mit Idealen, die sie aus dem Feuer und dem Licht ihres Herzens heraus geboren haben.

Wenn der Mensch durch die Pforte des Todes gegangen ist und das uns wohlbekannte Lebenstableau vor sich hat, dann ist diesem Lebenstableau auch die Welt der Ideale eingewoben. Aber diese Welt der Ideale kann dem Menschen in einer solchen Weise vor die Seele treten, dass er nach dem Tod gegenüber der Welt seiner Ideale etwas fühlt, was man in die Worte kleiden kann: Ja, diese Ideale, die mein Herz im Inneren befeuert und durchleuchtet haben, die ich als das teuerste Gut meines Lebens betrachtet habe, die haben jetzt ein gar fremdartiges Aussehen! Sie sehen so aus, als ob sie nicht recht zu dem gehörten, an das ich mich als Erlebnisse der physischen Welt erinnere!

Der Tote fühlt sich wie magnetisch zu diesen Idealen hingezogen, wie gebannt an diese Ideale, aber sie können etwas haben, was ihn wie mit einem Schrecken erfüllt, was ihm gefährlich wird, was ihn der Erdevolution entfremden kann – während des Lebens auf der Erde und auch während des Lebens zwischen Tod und neuer Geburt.

Meine lieben Freunde! Um mich ganz deutlich auszusprechen, möchte ich an konkrete Erlebnisse anknüpfen. Ich möchte an Erlebnisse anknüpfen, die einige von unseren theosophischen Freunden schon kennen, aber die gerade von einer gewissen Seite heute Abend beleuchtet werden sollen.

Uns hatte sich in den letzten Jahren, meine lieben Freunde, eine dichterische Natur angeschlossen. Aus einem Leben, das dem reinsten Idealismus gewidmet war, das in seiner vortheosophischen Zeit eine mystische Vertiefung durchgemacht hatte, kam dieser Mensch in unsere theosophische Bewegung herein. Mit Herz und Seele widmete er sich unserer Bewegung, trotzdem seine Seele in einem morschen, in einem zerfallenden Leib weilte. Und im Frühling dieses Jahres haben wir ihn für das Erdleben verloren. Er ist durch die Pforte des Todes gegangen. Er hat für die Menschheit eine Reihe wunderbarer Gedichte hinterlassen, die vor Kurzem erschienen sind.

Er war durch die Schwierigkeiten seines äußeren Leidens lange Zeit von unserer theosophischen Bewegung räumlich getrennt. Aber er hing treu an unserer theosophischen Bewegung und seine Dichtungen sind die dichterische Widerspiegelung dessen, was wir uns theosophisch durch mehr als ein Jahrzehnt erarbeitet haben. Jetzt ist er durch die Pforte des Todes gegangen und etwas Merkwürdiges stellt sich heraus bei der okkulten Betrachtung der Seele dieses Mannes.

Was diese Seele aufnahm, während sie seelisch an dem Fortgang der theosophischen Bewegung treu mitarbeitete, das entwickelte große Kräfte unter der Oberfläche des allmählich hinsterbenden Leibes. Der hinsterbende Leib bedeckte das, solange die Seele in dem Leib drinnen war. Und jetzt, nach dem Tod, leuchten die Inhalte des Lebens auf, die diese Seele aufgenommen hat. Wie ein gewaltiges kosmisches Tableau ist die Wolke vorhanden, in der unser Freund lebt, nachdem er die Pforte des Todes durchschritten hat.

Man kann leicht sagen: Der okkulte Betrachter kann den Blick umherschweifen lassen in dem breiten Umkreis der kosmischen Welt! Aber es ist etwas anderes, auch noch abgesondert das zu sehen, was sich aus einer Menschenseele heraus wie in einem gewaltigen Tableau in der geistlichen Welt zeigt. Wie wenn man die physische Welt vor sich hat, und man sie dann noch einmal in einem großartigen Gemälde Raffaels oder Michelangelos widergespiegelt sieht, so ist es, wenn man in der Seele eines Menschen das noch einmal widergespiegelt sieht, was man sonst im hellsichtigen Schauen der geistigen Wirklichkeit sieht. Es ist ein gewaltiges Aufleben eines Seelentableaus, das eine unendliche Bereicherung ist.

Und es darf gesagt werden, meine lieben Freunde, dass man unendlich mehr noch lernt, als man aus dem unmittelbaren Anblick der geistigen Wirklichkeit lernen kann, wenn man vor sich den Freund hat, der gestorben ist und der in seiner Seele nach dem Tod eine Widerspiegelung dessen enthält, was in den vielen Jahren aus der geistigen Welt heraus geschildert worden ist.

Dies, meine lieben Freunde, ist ein okkulter Tatbestand. Diesen okkulten Tatbestand habe ich unseren theosophischen Freunden schon wiederholt an anderem Ort auseinandergesetzt. So, wie sich dieser okkulte Tatbestand dargestellt hat, zeigte er mir noch etwas anderes, meine lieben Freunde.

Wenn man sieht, welchen Widerstand heute die okkulten Lehren finden, kann man die Frage stellen – ich möchte nicht sagen, zweifeln, aber die Frage stellen: Welchen Fortgang wird diese okkulte Lehre in den menschlichen Herzen und in den menschlichen Seelen finden? Gibt es eine Garantie, eine Bürgschaft dafür, dass das, was wir uns heute innerhalb unserer Anthroposophischen Gesellschaft erobern, dass das fortwirken wird im Verlauf der Menschheitsentwicklung?

Der Anblick dessen, was die Seele unseres verstorbenen Freundes geworden ist, gibt aus der okkulten Welt heraus eine solche Bürgschaft. Warum?

Unser Freund, der uns die Dichtungen von *Wir fanden einen Pfad* hinterlassen hat, lebt in dem gewaltigen kosmischen Tableau, das wie eine Art Seelenleib für ihn ist nach dem Tod. Er hat innerhalb unserer theosophischen Strömung das aufgenommen, was wir über den Christus zu sagen haben. Und indem er die theosophische Lehre mit seiner Seele so verbunden hat, dass sie das Herzblut seiner Seele geworden ist, hat er sie so in sich aufgenommen, dass sie für ihn den Christus als Substanz in sich enthält. Der Christus, wie er in unserer Bewegung lebt, ist in seine Seele übergegangen.

Und es stellt sich durch die Betrachtung dieses okkulten Tatbestandes das Folgende dar, meine lieben Freunde. Der Mensch, der durch die Pforte des Todes geht, lebt in einem solchen kosmischen Tableau. Er schreitet mit ihm durch das Leben, das zwischen Tod und neuer Geburt liegt. Das wird in seiner ganzen Wesenheit wirken, das wird sich seiner ganzen Wesenheit einverleiben, besser würden wir sagen: «einverseelischen», und es wird sein neues Erdleben durchdringen, wenn er zu einem solchen Erdleben wieder heruntersteigt. Es trägt insofern dazu bei, dass eine solche Seele für das eigene Leben einen Keim von Vollkommenheit aufnimmt, dass eine solche Seele in der Evolution des Erddaseins weiterschreitet. Das alles geschieht dadurch, dass eine solche Seele so etwas aufgenommen hat, wie wir es gesagt haben.

Aber diese Seele hat all das aufgenommen, durchtränkt und durchgeistigt von den Vorstellungen, die wir uns von der Christus-Wesenheit bilden. Dadurch ist das, was eine solche Seele aufgenommen hat, nicht bloß ein Gut, das zur Weiterentwicklung dieser Seele allein dient, sondern ein Gut, das durch den Christus weiterwirkt und der ganzen Menschheit gemeinschaftlich ist.

Jenes Seelentableau, meine lieben Freunde, so wie es sich durchchristet darstellt, ist mir Bürgschaft dafür, dass das, was heute gesprochen werden darf, durch die Liebe des Christus herunterleuchten wird aus der geistigen Welt in Seelen, die in späteren Zeiten kommen werden. Diese Seelen werden davon durchchristet und inspiriert werden, die Seelen, die in den kommenden Jahrhunderten aufleben werden und in die das hineinstrahlen wird, was durchchristet ist.

Unsere Seelen können das, was sie aus der Theosophie bekommen als ihr bestes Gut, nicht nur für sich selbst aufnehmen, sondern es durch spätere Evolutionszeiten tragen. Durchchristen wir es, so fließt es, weil der Christus das Wesen ist, das der ganzen Menschheit angehört, als eine Saat in die ganze Menschheit hinein. Wo der Christus dabei ist, vereinzeln sich nicht die Güter des Lebens. Sie bleiben für den Einzelnen fruchtbar, aber sie nehmen zugleich den Charakter einer Saat für die ganze Menschheit an. Das ist es, was wir uns klar vor die Seele zu stellen haben. Dann sehen wir, welch bedeutender Unterschied waltet, ob wir nicht-durchchristete Weisheit aufnehmen, oder ob wir von dem Christus-Licht durchleuchtete Weisheit aufnehmen.

Wir sind nicht dazu da, wenn wir auf dem Feld unserer Gemeinschaft zusammenkommen, um abstrakte Betrachtungen anzustellen, meine lieben Freunde, sondern wir sind dazu da, um diesen Okkultismus zu treiben, ungescheut dem gegenüber, was die heutige Welt gegen den Okkultismus hat. Daher darf hier auch dieses berührt werden, was uns nur durch die Forschung im Geist zur Kenntnis kommen kann.

Ein zweiter Fall soll angeführt werden, meine lieben Freunde. Wir waren veranlasst, in den letzten Jahren in München mancherlei aufzuführen, was wir Mysteriendramen nennen. Auch das, was ich jetzt sage, habe ich schon gewissen Freunden mitgeteilt.

Bei diesen Mysterienaufführungen musste manches anders getan werden als bei anderen Aufführungen. Es musste die Verantwortung gegenüber der geistigen Welt gefühlt werden. Man konnte an diese Mysterienaufführungen nicht wie an eine Theateraufführung herangehen. Was man in einem solchen Fall macht, muss aus den eigenen Seelenkräften heraus gemacht werden. Aber, meine lieben Freunde, machen wir uns klar, dass wir auch im physischen Leben darauf angewiesen sind, wenn wir dieses oder jenes durch den Willen unserer Seele durchführen wollen, unsere Muskelkraft zu gebrauchen, die uns von außen zukommt, wenn sie auch zu uns gehört. Die Muskelkraft gehört zu uns, und in gewisser Weise wieder nicht zu uns.

Und so ist es mit unseren geistigen Fähigkeiten – nur dass uns bei diesen geistigen Fähigkeiten nicht physische Kräfte helfen wie Muskelkraft. Wenn diese Fähigkeiten sich im Geistigen betätigen sollen, müssen uns Kräfte aus der geistigen Welt zu Hilfe kommen. Es müssen uns Kräfte durchströmen, durchsetzen, die aus der geistigen Welt in unsere physische Welt hineindringen. Andere mögen solche Unternehmungen, wie unsere Münchner Spiele waren, mit einem anderen Bewusstsein beginnen – für mich selbst war es klar, dass die Sache nur durchgeführt werden darf, dass die verschiedenen Initiativen nur ergriffen werden dürfen, wenn ganz bestimmte geistige Kräfte in unsere Menschenkräfte hineinfließen, wenn Schutzengelkräfte in unsere menschlichen Kräfte hineinfließen.

Es war in den allerersten Zeiten, als wir am Anfang dieses Jahrhunderts in einem kleinen Kreis begannen, theosophisch zu arbeiten, es war noch ein sehr kleiner Kreis. Aber eine treue Seele war für kurze Zeit immer in diesem kleinen Kreis, eine Seele, die durch ihr Karma mit einem ganz besonderen Talent für Schönheit und Kunst ausgestattet war. Mit Innigkeit, mit innerem Feuer arbeitete diese Seele unter uns. Sie nahm insbesondere die Lehren über kosmische Zusammenhänge auf, die damals theosophisch gegeben wurden. Ich weiß heute noch, wie damals eine Tatsache vor meine Seele trat, die unbedeutend scheinen kann, die aber hier angeführt werden darf.

Als unsere theosophische Bewegung begann, da begann sie auch damit, dass eine Zeitschrift den Anfang machte, die damals aus wohl erwogenen Gründen *Luzifer* («Lichtträger») genannt wurde. Ich schrieb einen Artikel unter dem Titel «Luzifer» (1903), einen Artikel, der, wenigstens der

Anlage nach, die Richtlinien enthalten sollte, nach denen wir arbeiten wollten. Schon dieser Artikel ist, wenn das auch nicht mit Worten ausgesprochen ist, in der Linie gehalten, in der unsere Theosophie und jetzt Anthroposophie gehalten werden muss. Und ich darf wohl sagen: Auch dieser Artikel ist durchchristet. Man nimmt das auf, was christliches Lebensblut ist, wenn man diesen Artikel in sich aufnimmt.

Und ich darf heute erwähnen, meine lieben Freunde, dass dieser Artikel damals im Kreis der wenigen, die sich aus der alten theosophischen Bewegung heraus an uns angeschlossen hatten, die heftigste Opposition erfahren hat. Man nahm es überall für etwas, was ganz untheosophisch ist. Nur die Persönlichkeit, von der ich jetzt spreche, war mit dem wärmsten Herzen, mit der tiefsten Innigkeit gerade bei diesem Artikel dabei. Und ich konnte mir sagen: Ihre Zustimmung wiegt mehr für den Fortgang der theosophischen Bewegung als die ganze übrige Opposition, wenn es auf die Wahrheit ankommt.

Kurz, ganz verwoben war diese Seele mit dem, was in unsere theosophische Strömung einfließen sollte. Sie starb bald danach, sie ging durch die Pforte des Todes schon 1904. Sie brauchte einige Zeit, um sich nach dem Tod in der geistigen Welt zu dem durchzuringen, was sie eigentlich war. Und noch nicht 1907, aber von unseren Mysterienspielen in München 1909 an, und dann sich immer steigernd durch die folgenden Zeiten, da war es diese Seele, die immer hinter dem schützend und klärend stand, was ich für unsere Münchener Festspiele vornehmen durfte. Was sie für die künstlerische Verwirklichung unserer theosophischen Ideen geben konnte, das wirkte aus der geistigen Welt heraus so, dass man die Kraft empfangen konnte, die Initiativen zu ergreifen, die notwendig waren.

So wirken die Toten mit uns, so sind sie mit uns. Das ist aber ein Fall – und jetzt kommt die Wendung, von der ich heute sprechen will –, das ist ein Fall, wo das, was sie aufgenommen hatte auf unserem theosophischen Feld, nicht bloß für die betreffende Persönlichkeit zu ihrem individuellen Leben, zu ihrem eigenen Fortschritt, beigetragen hat, sondern es floss auch zu uns zurück in das, was wir für die ganze theosophische Bewegung tun durften.

Es waren wieder zwei Möglichkeiten: die eine, dass diese Persönlichkeit das aufgenommen hat, was sie aufnehmen konnte, dass sie es in ihrer Seele hatte und in ihrem weiteren Fortschreiten durch das Leben, auch durch das Leben nach dem Tod, für sich verwenden konnte – das ist recht so, das soll so sein, denn die Menschen müssen immer vollkommener werden, wenn sie ihr göttliches Menschenziel erreichen sollen; sie müssen alles tun, was zu dieser Vervollkommnung beitragen kann. Weil aber auch diese Seele die ganze Gesinnung der Durchchristetheit in sich aufgenommen hatte, konnte das, was sie aufgenommen hatte, nicht nur für sie wirken, sondern es konnte zu uns herunterfließen und eine Art Gemeingut in seiner Wirklichkeit werden.

Das ist es, meine lieben Freunde, was der Christus macht, wenn er unsere Erkenntnisfrüchte durchdringt.

Er nimmt ihnen nicht das weg, was diese Erkenntnisfrüchte für unsere Individualität sind. Aber der Christus ist für alle Seelen gestorben. Und wenn wir uns zu der Erkenntnis aufschwingen, die die Erkenntnis des richtigen Erdmenschen sein muss – nicht ich, sondern der Christus in mir[1] –, wenn wir dem Christus die Kräfte zuschreiben, die wir selbst verwenden, dann wirkt das, was wir in uns aufnehmen, nicht nur für uns, sondern für die ganze Menschheit. Dann wird es fruchtbar für die ganze Menschheit.

Wo wir auf dem Erdrund zu Menschenseelen hinblicken – für alle ist der Christus gestorben. Was wir in seinem Namen aufnehmen, das nehmen wir zu unserer eigenen Vervollkommnung auf, aber auch als teure Wirkungsgüter für die ganze Menschheit.

Es ist in den einleitenden Worten des heutigen Abends gesagt worden, dass, wenn wir nach dem Tod in unserem Erinnerungstableau auf das zurückblicken, was wir durchlebt haben, es uns so vorkommt, wie wenn unsere Ideale

---

1 vgl. Galater 2,20: «Ich lebe, doch nun nicht ich, sondern Christus lebt in mir.»

etwas Fremdes hätten. Wir fühlen es unseren Idealen an: Sie tragen uns nicht hin zu dem allgemeinen Menschenleben, sie haben keine Eigenbürgschaft als Realität in dem allgemeinen Menschenleben. Sie führen uns hinweg von dem allgemeinen Menschenleben. Es ist eine starke Gewalt, die Luzifer gerade über die Ideale hat, weil sie so schön in der Menschenseele heraufquellen – aber nur in der Menschenseele aufquellen und nicht in der Wirklichkeit wurzeln. Deshalb hat Luzifer eine solche Gewalt. Es ist der magnetische Zug Luzifers, den wir in unseren Idealen nach dem Tod spüren. Gerade, wenn wir Ideale haben, sind sie Luzifer besonders wertvoll, und er kann uns auf dem Umweg über diese Ideale zu sich herüberführen.

Wenn wir aber das, was wir geistig durchdringen, mit dem Christus durchziehen, wenn wir wissen, dass dasjenige, was wir aufnehmen, der Christus in uns aufnimmt – «nicht ich, sondern der Christus in mir» nimmt es auf –, dann ist es nach dem Tod nicht so, dass unsere Ideale uns der Welt entfremden. Wir haben unsere Ideale dem Christus übergeben und wir erkennen, dass es der Christus ist, der unsere Ideale zu seiner eigenen Sache macht. Er nimmt unsere Ideale auf sich.

«Nicht ich» kann meine Ideale so auf mich nehmen, dass sie sichere Keime für die Menschen auf der Erde sind, wie die Pflanzenkeime des heutigen Sommers sichere Keime für die Pflanzendecke des nächsten Sommers sind, «sondern der Christus in mir» kann es. Der Christus in mir durchzieht meine Ideale mit Realität, mit Substanz. Das sind die Ideale, die wir so in uns hegen, dass wir uns sagen: Als Menschen fassen wir sie auf diesem Erdrund, aber in uns lebt der Christus, und er übernimmt unsere Ideale. In diesem Bewusstsein wissen wir: Ideale sind reale Keime für die zukünftige Wirklichkeit. Durchchristeter Idealismus ist mit dem Keim der Realität durchsetzt.

Derjenige, der den Christus versteht, der sieht auf seine Ideale so hin, dass er sich sagt: Jetzt haben meine Ideale noch nicht etwas in sich, was ihnen Realität, Wirklichkeitscharakter so verbürgt, wie dem Pflanzenkeim der Wirklichkeitscharakter für das nächste Jahr verbürgt ist. Aber wenn ich meine Ideale so auffasse, dass ich sie dem Christus übergebe, dann werden sie reale Keime.

Der Mensch, der ein Christus-Bewusstsein hat, der das paulinische Wort: Nicht ich, sondern der Christus in mir ist der Träger meiner Ideale, zu seiner Lebenssubstanz macht, der sieht auf seine Ideale so hin, dass er sagt: Da draußen sind Saaten, die keimen und sprießen; aber in mir ist die Welt des Idealismus, die vom Christus übernommen wird. Diese Welt des Idealismus ist in der gegenwärtigen Welt wie der Keim zur zukünftigen Welt, denn der Christus trägt unsere Ideale so hinüber zu der zukünftigen Welt, wie der Gott der Natur die Pflanzenkeime dieses Jahres zum nächsten Jahr hinüberträgt.

Das gibt dem Idealismus Realität. Das nimmt der Seele jene herben, düsteren Zweifel, die in ihr aufsteigen, wenn sie von dem Gefühl beschlichen wird: Was wird aus der Welt der Ideale, die so innig mit der äußeren Realität verknüpft sind? Was in der menschlichen Seele als Idealismus, als Weisheitsgut heranreift, das verspürt derjenige, der den Christus in sich aufnimmt, mit Realität durchdrungen, mit Realität durchsättigt.

Ich habe die zwei Beispiele angeführt, meine lieben Freunde, um aus der okkulten Welt heraus zu zeigen, wie anders das wirkt, was durchchristet der Seele anvertraut wird, als das, was der Seele nur als Weisheit anvertraut wird, die nicht durchchristet ist.

Es macht einen erschütternden Eindruck, meine lieben theosophischen Freunde, wenn das hellsichtige Bewusstsein in die geistige Welt hinaufschaut und jene Seelen für ihre Ideale kämpfen sieht, in denen in der letzten Inkarnation noch nicht das Christus-Bewusstsein aufgegangen war. Er sieht sie für ihr Teuerstes kämpfen, weil Luzifer Gewalt darüber hat.

Anders ist aber der Anblick bei denen, die ihr Weisheitsgut, ihr Seelengut durchchristet haben. Was sie wie teuerste, innerste Seelenwärme empfinden, wie Trost in den schwersten Lagen des Lebens, das ist das Durchdrungensein mit dem Christus-Impuls. Warum? Weil derjenige, der davon durchdrungen ist, fühlt, dass in den Hoffnungen seiner

Seele, mögen sie sich im Erdleben noch so unvollkommen ausnehmen, der Christus-Impuls als die Gewähr und Bürgschaft für die Verwirklichung liegt.

Wie vieles, meine lieben Freunde, bleibt der Seele unerfüllt im Leben, wie vieles erscheint ihr wertvoll, ohne dass sie es in der physischen Welt anders ansehen kann, als zerstörte Lenzeshoffnungen! Was wir aber mit unserer Seele vereinigen als ein wertvoll erachtetes Gut, das können wir dem Christus übergeben. Und wie es auch für die Wirklichkeit aussehen mag: Wenn wir es dem Christus übergeben, dann trägt er es auf seinen Flügeln in die Wirklichkeit hinein.

Sie braucht das nicht immer zu wissen, aber die Seele, die den Christus in sich so fühlt, wie der Leib das Blut als belebendes Element in sich fühlt, diese Seele fühlt das Wärmende, das Realisierende des Christus-Impulses gegenüber dem, was sie in der Welt realisieren möchte. Dass das hellsichtige Bewusstsein diese Dinge sieht, wenn es die Seele nach dem Tod betrachtet, das ist ein Beweis dafür, wie berechtigt das Gefühl der Menschenseele ist, dass sie durch all das, was sie tut, den Christus als ihren Tröster, als ihre Stütze in sich aufnimmt, von dem sie sagt: Nicht ich, sondern der Christus in mir.

Erinnern wir uns an eine Stelle in meiner *Theosophie,* meine lieben Freunde, die einen der Punkte zeigen soll, wo auf einer gewissen Stufe des geistigen Lebens das verwirklicht wird, was in der Welt des irdischen Lebens die Seele durchdringt. Ich habe darauf aufmerksam gemacht, dass das «tat twam asi» («das bist du»), das die morgenländischen Weisen meditieren, wie eine Wirklichkeit vor die Seele hintritt gerade in dem Moment, wo der Übergang von der Seelenwelt in das Geisterland geschieht.

Aber noch etwas anderes kann von dem Wirklichkeit werden, Wirklichkeit in einer ungeheuer bedeutungsvollen Art, von dem sich die Menschenseele, die sich durchchristet fühlt, in diesem Leben das paulinische Wort sagt: «Nicht ich, sondern der Christus in mir». Wissen wir so zu denken, dass dieses Wort immer eine Wahrheit ist, dann verwirklicht es sich nach dem Tod in einer gewaltig bedeutsamen Weise. Denn was wir unter diesem Lebensgesichtspunkt in der Welt aufnehmen, unter dem Gesichtspunkt des: «Nicht ich, sondern der Christus in mir», das wird so unsere innere Natur zwischen Tod und neuer Geburt, dass wir es als Frucht der ganzen Menschheit zuerteilen dürfen. Was wir aufnehmen unter diesem Gesichtspunkt – «Nicht ich, sondern der Christus in mir» –, das macht der Christus zum Gemeingut der ganzen Menschheit.

«Nicht ich, sondern der Christus in mir»: Was ich unter diesem Gesichtspunkt aufnehme, von dem darf ich nach dem Tod sagen und fühlen: Nicht mir allein, sondern allen meinen Menschenbrüdern! Und dann allein darf ich das Wort aussprechen: Ich habe ihn über alles geliebt, auch über mich selbst. Deshalb darf ich sagen: Ich habe dem Gebot gehorcht: Liebe deinen Gott über alles – nicht ich, sondern der Christus in mir. Und ich habe auch das andere Gebot erfüllt: Liebe deinen Nächsten wie dich selbst, denn das, was ich mir erworben habe, das wird dadurch Gemeingut der ganzen Erdmenschheit, dass der Christus es in die Realität trägt.

Wir müssen solche Dinge, meine lieben Freunde, auf uns wirken lassen. Dann erfahren wir, was der Christus der Menschenseele zu bedeuten hat, wie der Christus der Menschenseele Träger und Stütze ist, der Menschenseele Tröster und Durchleuchter ist. Wir fühlen uns allmählich in das hinein, was wir nennen können: die Beziehung des Christus zur menschlichen Seele.

Dritter Vortrag

Werden Schuld und Sünde vergeben?

Ausgleich im Karma, Vergebung durch Christus

Norrköping, 15. Juli 1914

Meine lieben theosophischen Freunde!

Einer der Begriffe, die uns aufstoßen, wenn die Rede von der Beziehung des Christus zur menschlichen Seele ist, ist der Begriff von Schuld und Sünde.

Wir wissen, welch einschneidende Bedeutung die Begriffe Sünde und Tod im paulinischen Christentum haben. Unsere gegenwärtige Zeitkultur ist wenig geeignet, ein tieferes Verständnis für den weiteren Zusammenhang zu haben, der uns bei Paulus zwischen den Begriffen Sünde und Tod entgegentritt. Aber das liegt im Materialismus unserer Zeit.

Wir brauchen uns nur an die Worte zu erinnern, die ich in der ersten Betrachtung gesprochen habe, dass eine Unsterblichkeit der Menschenseele ohne Fortsetzung des Bewusstseins nach dem Tod keine wahre Unsterblichkeit bedeuten würde. Eine Beendigung des Bewusstseins nach dem Tod wäre gleichbedeutend mit der Tatsache, die man dann annehmen müsste, dass der Mensch nicht unsterblich ist. Wenn des Menschen Wesen nach dem Tod unbewusst fortbestehen würde, dann würde das bedeuten, dass das Allerwichtigste nach dem Tod nicht fortbesteht. Eine unbewusste Menschenseele, die den Tod überdauert, würde nicht viel mehr bedeuten als die Summe von Atomen, von denen auch der Materialist annimmt, dass sie bleiben, wenn der menschliche Leib zerstört wird.

Für Paulus stand felsenfest, dass man von Unsterblichkeit nur reden kann bei Aufrechterhaltung des individuellen Bewusstseins. Und da er das individuelle Bewusstsein von Sünde und Schuld abhängig denken musste, so konnte er nur denken: Wenn das menschliche Bewusstsein nach dem Tod umnebelt ist von Sünde und Schuld oder von deren Folgen, so bedeutet das, dass Sünde und Schuld den Menschen töten, als Seele töten, als Geist töten. Aber weit davon entfernt ist das materialistische Bewusstsein unserer Zeit – auch das vieler philosophischer Forscher, die damit zufrieden sind, von einem Fortleben einer menschlichen Seele sprechen zu können, während menschliche Unsterblichkeit nur mit dem bewussten Fortbestehen der Menschenseele nach dem Tod gleichgesetzt werden kann.

Da entsteht insbesondere für die theosophische Weltauffassung eine Schwierigkeit. Um auf diese Schwierigkeit hinzuweisen, brauchen wir nur auf das Verhältnis zwischen den Begriffen «Schuld» und «Sünde» und dem Begriff «Karma» aufmerksam zu machen. Dass hier eine Schwierigkeit vorliegt, das wird von manchen Theosophen so erlebt, dass sie sagen: «Wir glauben an Karma! Der Mensch hat etwas verübt, das ist eine Schuld, die er in seinem Karma trägt und er trägt sie später ab; es wird im Verlauf der Verkörperungen ein Ausgleich geschaffen!» Solche Theosophen sagen dann: Wie kann das vereinbar sein mit dem christlichen Begriff der Sündenvergebung durch den Christus!

Und dennoch ist der Begriff der Sündenvergebung mit wahrem Christentum verbunden. Wir brauchen nur an den Christus am Kreuz zwischen den beiden Verbrechern zu denken. Der Verbrecher links spottet über den Christus: Wenn du ein Gott bist, hilf dir selbst und uns! Der Verbrecher rechts sagt darauf, der andere soll nicht so sprechen, denn sie beide haben das Schicksal mit dem Kreuzestod verdient, das ihren Taten angemessen ist, der Christus aber ist unschuldig gekreuzigt und muss das gleiche Schicksal erleiden. Und der Verbrecher rechts fügt hinzu: «Jesus, gedenke an mich, wenn du in dein Reich kommst!» Und der Christus antwortet ihm: «Wahrlich, ich sage dir: Heute wirst du mit mir im Paradies sein.» (Lukas 23, 42-43).

Dieses Wort lässt sich nicht aus den Evangelien wegleugnen oder wegdiskutieren, sondern es ist ein wichtiges, ein bedeutungsvolles Wort. Der Theosoph hat die Schwierigkeit, die aus der Frage entsteht: Wenn der Verbrecher rechts das, was er angestellt hat, mit seinem Karma abzuwaschen hat, was bedeuten dann die Worte des Christus? Der Theosoph wird sagen: Hat der Verbrecher rechts nicht seine Schuld abzuwaschen wie der Verbrecher links? Woher dieser Unterschied, den der Christus zwischen dem rechten und dem linken Verbrecher macht?

Es ist ganz zweifellos, dass hier für die theosophische Karmaauffassung eine Schwierigkeit vorliegt. Diese Schwierigkeit, meine lieben Freunde, ist auch nicht leicht zu lösen. Sie löst sich nur, wenn wir mit geisteswissenschaftlicher Forschung tiefer in das Christentum schürfen. Und wir wollen heute von einer ganz anderen Seite her die Sache angreifen, die uns das eigentümliche Verhältnis nahebringen kann, das da vorliegt.

Erinnern wir uns, meine lieben Freunde, wie wir oft von Luzifer und Ahriman sprechen und wie in meinen Mysteriendramen Luzifer und Ahriman dargestellt werden. In dem Augenblick, wo wir beginnen, menschlich-anthropomorphistisch die Sache anzusehen und aus Luzifer eine Art inneren, aus Ahriman eine Art äußeren Verbrecher machen, werden wir schwer zurechtkommen. Denn vergessen wir nicht, dass gesagt worden ist: Luzifer ist außer dem Bringer des inneren Übels auch der Bringer der Freiheit. Er spielt eine wichtige Rolle im Weltganzen. Ebenso ist von Ahriman gesagt worden, dass er eine wichtige Rolle im Weltganzen spielt.

Als begonnen wurde, von Luzifer und Ahriman zu reden, haben wir es erlebt, dass manche Theosophen unruhig geworden sind. Sie hatten noch ein Nachgefühl von dem, was man immer aus Luzifer gemacht hat: dass das ein schrecklicher Verbrecher in der Welt ist, vor dem man sich hüten muss. Dem kann der Geisteswissenschaftler nicht ohne Weiteres zustimmen, weil er Luzifer eine wichtige Rolle im Weltganzen zuerteilen muss. Und dennoch muss man ihn als einen Gegner der fortschreitenden Götter hinstellen, als einen Feind der Götter, die wir verehren müssen.

Wir schreiben einem Götterfeind eine wichtige Rolle im Weltganzen zu – und ähnlich ist es auch mit Ahriman. Es ist begreiflich, meine lieben Freunde, dass das menschliche Gemüt kommt und sagt: Was soll ich denn mit Luzifer und Ahriman anfangen? Soll ich sie hassen oder lieben?

Wenn wir von Luzifer und Ahriman sprechen, meine lieben Freunde, muss aus der Art, wie wir von ihnen sprechen, deutlich werden, dass das Wesen sind, die in ihrer ganzen Eigentümlichkeit nicht der physischen Welt angehören, die ihre Aufgabe in der geistigen Welt haben. Insbesondere das letzte Mal habe ich bei den Münchener Vorträgen stark hervorgehoben, dass das Wesen dieser Sache darin liegt, dass Luzifer und Ahriman die von den fortschreitenden Göttern ihnen zugeteilte Rolle in der geistigen Welt haben, und dass eine Diskrepanz, eine Disharmonie nur dann auftritt, wenn sie diese Rolle in die physische Welt hineintragen und sich Reiche anmaßen, die ihnen nicht zugeteilt sind.

Aber zu einem müssen wir uns bequemen, meine lieben Freunde, nämlich dazu, dass unser menschliches Urteil, wie wir es fällen, nur für die physische Welt gilt, und dass dieses Urteil, wie es für die physische Welt richtig ist, nicht auf die höheren Welten übertragen werden kann. Deshalb müssen wir uns in die Theosophie hineinfinden, um unsere ganze Begriffs- und Ideenwelt zu erweitern. Deshalb können die materialistisch denkenden Menschen der Gegenwart, trotzdem alles aus der Theosophie zu begreifen ist, diese so schwer begreifen, weil sie ihr Urteil nicht erweitern wollen, sondern bei dem Urteil stehen bleiben, das nur für die physische Welt gilt.

Wenn wir sehen, dass eine Macht der anderen feindlich gegenübertritt, so ist es für die physische Welt richtig, dass wir sagen: Feindschaft ist etwas Ungehöriges, etwas, was nicht sein soll. Aber dasselbe gilt nicht für die geistige Welt. Damit die Welt in ihrer Gänze möglich wird, ist Geistesgegnerschaft notwendig – ebenso wie auf dem Gebiet der Elektrizität positive und negative Elektrizität notwendig ist. Es ist notwendig, dass sich Geister gegenüberstehen. Hier wird wahr das Wort des Heraklit, dass nicht nur die Liebe, sondern auch der Streit das Weltall konstituiert.

Nur wenn Luzifer in der Menschenseele wirkt und durch die Menschenseele der Streit in die physische Welt hineingetragen wird, nur dann tut er Unrecht. Aber in den höheren Welten ist Gegnerschaft der Geister etwas, was zu dem ganzen Gefüge der Welt dazugehört. Wir müssen für die höheren Welten andere Maßstäbe anlegen, uns eine andere

Färbung des Urteils zu eigen machen. Daher ist es so schockierend, wie manchmal über Luzifer und Ahriman gesprochen werden muss: auf der einen Seite sie als Göttergegner hinzustellen, und auf der anderen Seite sie wiederum so hinzustellen, dass sie in dem ganzen Gang der Weltordnung notwendig sind.

Es muss vor allen Dingen das ins Auge gefasst werden, meine lieben Freunde, dass der Mensch mit der Weltordnung in Kollision kommt, wenn er das Urteil, das für die physische Welt gilt, für die höheren Welten gelten lässt. Das ist aber gerade der Grundnerv der Sache, dass immer betont worden ist: Der Christus gehört nicht zu den Wesen der irdischen Welt. Durch die Johannes-Taufe im Jordan ist in die Leiblichkeit des Jesus von Nazareth ein Wesen eingezogen, das nicht zu der irdischen Welt gehört. Mit Recht konnte er deshalb zu seinen Jüngern sagen: «Ihr seid von unten her, ich bin von oben her» (Johannes 8,23).

Nehmen wir das, was real daraus folgt, meine lieben Freunde. Was irdisches Urteil ist, was ganz berechtigt ist als irdisches Urteil, das jeder fällen muss, das muss nicht auch das Urteil jenes kosmischen Wesens sein, das als der Christus in den Jesus-Leib eingezogen ist. Jenes Wesen, das durch die Johannes-Taufe im Jordan in den Jesus-Leib eingezogen ist, das hat nicht ein irdisches, das hat ein himmlisches Urteil. Das muss anders urteilen, als Menschen urteilen.

Nehmen wir das ganze Schwergewicht dessen, was auf Golgota gesprochen worden ist. Der linke Verbrecher glaubt nicht daran, dass mit dem Christus nicht eine irdische Wesenheit da ist, sondern eine Wesenheit eines besonderen Reichs, das nicht das irdische Reich ist. Dem rechten Verbrecher kommt aber unmittelbar vor dem Tod das Bewusstsein: Dein Reich, o Christus, ist ein anderes als das irdische Reich; gedenke meiner, wenn du in deinem Reich bist!

In diesem Augenblick zeigt der rechte Verbrecher, dass er eine Ahnung davon hat, dass der Christus zu einem anderen Reich gehört, wo eine ganz andere Urteilskraft herrscht als auf der Erde. Dadurch kann der Christus ihm antworten: Wahrlich, dadurch, dass du etwas von meinem Reich ahnst, wirst du am heutigen Tag mit mir in meinem Reich sein. Da haben wir einen Hinweis auf die überirdische Christus-Kraft, die die menschliche Individualität in ein überirdisches Reich heraufzieht.

Irdisches Urteil, menschliches Urteil muss selbstverständlich sagen: In Bezug auf das Karma muss der rechte wie der linke Verbrecher seine Schuld abtragen. Aber für das himmlische Urteil gilt etwas anderes.

Das ist aber erst der Anfang der Sache, denn man kann jetzt sagen: Dann steht das irdische Urteil mit dem himmlischen in einem Widerspruch. Wie kann der Christus dem einen verzeihen, wenn das irdische Urteil eine karmische

Gerechtigkeit fordert? Das ist eine schwierige Frage. Wir wollen sie heute Abend behandeln, aber ich mache Sie ausdrücklich darauf aufmerksam, dass wir damit eine der allerschwierigsten Fragen der okkulten Wissenschaft streifen wollen.

Wir müssen eine Unterscheidung machen, die die Menschen nicht gerne machen, weil die Schwierigkeit vorliegt, bis zu den letzten Konsequenzen einer Betrachtung zu gehen.

Wir müssen eine Unterscheidung machen. Wir müssen das betrachten, was sich in der objektiven Gerechtigkeit des Karma vollzieht: Da ist der Mensch seinem Karma unterworfen, da hat er das, was er als Unrecht getan hat, karmisch auszugleichen. Und bei einem tieferen Nachdenken, meine lieben Freunde, wird der Mensch nicht anders wollen, als dass es so ist. Hat jemand ein Unrecht getan, so ist er unvollkommener geworden als er vorher war, und er kann nur wieder den Grad von Vollkommenheit erringen, den er hatte, wenn er das Unrecht ausgleicht.

Um der eigenen Vervollkommnung willen können wir gar nichts anderes wünschen, als dass Karma als eine objektive Gerechtigkeit besteht. Vor der Auffassung der menschlichen Freiheit kann gar nicht der Wunsch eintreten, dass uns in dem Sinne die Sünden vergeben werden, dass wir das Karma dafür nicht abzutragen brauchen. Es kann gar nicht der Wunsch aufkommen, dass uns, wenn wir zum Beispiel einem Menschen die Augen ausstechen, dass uns das «vergeben» wird – und dann das Karma ausgeglichen ist. Es hat mit dem Karma durchaus seine Richtigkeit, dass uns kein Heller nachgelassen wird, dass wir alles bezahlen müssen.

Aber es gibt noch etwas anderes gegenüber der Schuld, meine lieben Freunde. Die Schuld, die Sünde, die wir auf uns laden, ist nicht bloß unsere Sache – das müssen wir jetzt unterscheiden –, sondern sie ist auch eine objektive Tatsache in der Welt. Was wir verbrochen haben, gleichen wir in unserem Karma aus, aber dass das geschehen ist, dass wir einem Menschen die Augen ausgestochen haben, das bleibt im objektiven Weltgang bestehen, auch wenn wir es später ausgleichen. Den Makel, den wir uns selbst zugefügt haben, gleichen wir im Karma aus, aber die objektive Welttatsache bleibt bestehen.

Wir müssen unterscheiden zwischen den Folgen einer Sünde für uns und den Folgen für den objektiven Weltgang. Es ist außerordentlich wichtig, dass wir diese Unterscheidung machen. Und da darf ich eine okkulte Betrachtung einfügen, die vielleicht die Sache etwas verständlicher machen kann.

Wenn man die Zeiten der Menschheitsentwicklung seit dem Mysterium von Golgota überblickt und an die Betrachtung der Akasha-Chronik (s. Fachausdrücke S. 222) herankommt, ohne mit der Christus-Wesenheit durchdrungen zu sein, so wird man sehr leicht irren. Denn in der Akasha-Chronik zeigen sich Aufzeichnungen, die sehr häufig nicht mit dem übereinstimmen, was man in der karmischen Evolution der einzelnen Menschen findet.

Ich meine das Folgende: Nehmen wir an, im Jahr 733 hätte irgendein Mensch gelebt und eine schwere Schuld auf sich geladen. Wir untersuchen die Akasha-Chronik, ohne dass wir eine Verbindung mit dem Christus haben. Und siehe da, wir können in der Akasha-Chronik die betreffende Schuld nicht finden. Gehen wir aber auf den betreffenden Menschen ein und untersuchen sein Karma, dann finden wir, dass er noch etwas abzutragen hat oder schon abgetragen hat, dass also eine Schuld da gewesen sein muss. Sie steht aber nicht in der Akasha-Chronik drinnen. Welch ein Widerspruch!

Ich kann heute einem Menschen begegnen: Wenn es mir durch Gnade gegeben ist, etwas über sein Karma zu wissen, so kann ich finden, dass irgendein Unglück, das ihn trifft, in seinem Karma steht. Gehe ich aber der Sache nach in seiner früheren Inkarnation, so sehe ich in der Akasha-Chronik nicht diese Tatsache verzeichnet. Woher kommt das?

Das kommt daher, meine lieben Freunde, dass der Christus die objektive Schuld auf sich genommen hat. In dem Augenblick, wo wir uns mit dem Christus-Wesen durchdringen, wo wir mit dem Christus die Akasha-Chronik durchforschen, finden wir diese Tatsache. Der Christus hat sie in sein Reich genommen und trägt sie weiter, sodass, wenn wir von dem Christus absehen, wir sie nicht finden können in der Akasha-Chronik.

Wir müssen uns diesen Unterschied merken: Es bleibt die karmische Gerechtigkeit bestehen, aber in Bezug auf die Wirkung einer Schuld in der Welt tritt der Christus ein, der die Schuld in sein Reich herübernimmt und sie weiterträgt. Er kann unsere Schuld und unsere Sünde in der Welt tilgen, er kann sie auf sich nehmen, weil er einem anderen Reich angehört.

Was sagt der Christus am Kreuz auf Golgota? Er spricht es nicht ausdrücklich aus, aber wenn er es auch nicht ausspricht, so liegt es darin. Er sagt zu beiden Verbrechern: Was du getan hast, wird weiterwirken auch in der geistigen Welt, nicht bloß in der physischen Welt. Zu dem Verbrecher rechts aber sagt er noch dazu: Heute noch wirst du mit mir im Paradies sein! Das heißt: Ich bin bei deiner Tat; du wirst durch dein Karma später das für dich zu tun haben, was die Tat für dich bedeutet; aber was die Tat für die Welt bedeutet, das ist meine Sache! So sagt der Christus, wenn wir es trivial ausdrücken dürfen.

Es ist eine sehr, sehr wichtige Unterscheidung, die wir da machen. Und die Sache hat nicht nur eine Bedeutung für die Zeit nach dem Mysterium von Golgota, sondern auch für die Zeit vor dem Mysterium von Golgota.

Eine Anzahl von theosophischen Freunden wird sich erinnern, dass ich in Vorträgen von früheren Jahren darauf aufmerksam gemacht habe, dass es keine bloße Legende ist, dass der Christus nach seinem Tod zu den Toten gegangen ist. Dadurch hat er etwas getan auch für die Seelen, die Sünde und Schuld in vorhergehenden Zeiten auf sich geladen hatten. Der Irrtum tritt auch ein, wenn man sich der Betrachtung der Akasha-Chronik hingibt und die Zeit der Erdentwicklung vor dem Mysterium von Golgota durchforscht. Ohne von dem Christus-Impuls durchdrungen zu sein, wird man überall auf Irrtümer in der Akasha-Chronik stoßen.

Mich hat es daher gar nicht gewundert, dass Leadbeater, der nichts vom Christus weiß, zu den abstrusesten Behauptungen über die Erdentwicklung kam in dem Buch: *Der Mensch, woher, wie und wohin?,* weil erst das Durchdrungensein mit dem Christus-Impuls die Seele fähig macht, auch die Dinge vor dem Mysterium von Golgota so zu sehen, wie sie sind, wie sie sich in der Erdentwicklung auf dieses Mysterium von Golgota hingeordnet haben.

Karma, meine lieben Freunde, ist eine Angelegenheit der aufeinanderfolgenden Inkarnationen des Menschen. Was die karmische Gerechtigkeit bedeutet, das muss mit dem Urteil gemessen werden, das unser irdisches Urteil ist. Was aber der Christus für die Menschheit tut, das muss mit einem Urteil gemessen werden, das anderen Welten als der irdischen Welt angehört.

Ja, meine lieben Freunde, und wenn es nicht so wäre? Gedenken wir einmal des Endes der Erde, wenn die Menschen alle ihre irdischen Inkarnationen durchgemacht haben werden. Es wird eintreten, dass alles im Karma bezahlt sein wird bis auf den letzten Heller. Die Menschenseelen werden ihr Karma bis auf den letzten Heller ausgeglichen haben. Aber stellen wir uns vor, dass alle objektive Schuld bestehen bleiben würde in der Erde, weiterwirken würde in der Erde. Die Menschen hätten ihr Karma ausgeglichen, aber die Erde wäre dann nicht bereit, sich zum Jupiter (zur Neuen Erde – s. Fachausdrücke S. 222) hinüberzuentwickeln. Die ganze Menschheit wäre ohne Wohnplatz da, ohne Möglichkeit, sich zum Jupiter hinüberzuentwickeln.

Dass sich mit den Menschen die ganze Erde mitentwickelt, das ist die Folge der Tat des Christus. All das, was sich für die Erde anhäufen würde als Schuld, das würde die Erde in die Verfinsterung stoßen, und die Menschen hätten keinen Planeten zur weiteren Entwicklung. Für uns selbst können wir im Karma sorgen, nicht aber für die ganze Menschheit und nicht für das, was für die ganze Menschheitsentwicklung mit der Evolution der Erde zusammenhängt.

Wir müssen uns nur klar darüber sein, dass nicht das Karma von uns genommen wird, aber unsere Sünden und Schulden für die Außenwelt durch das getilgt werden, was mit dem Mysterium von Golgota für die Erdentwicklung eingetreten ist.

Wir müssen uns auch klar sein, dass das alles dem Menschen nicht ohne sein Zutun zufließen kann, ohne seine Mitwirkung. Das wird uns in der Rede am Kreuz recht klar vorgeführt. Es wird uns da vorgeführt, wie der Verbrecher rechts in seine Seele eine Ahnung von einem überirdischen Reich aufnimmt, in dem es anders zugeht als in dem irdischen Reich. Der Mensch muss sich in seiner Seele mit dem Substanzgehalt der Christus-Wesenheit erfüllen, sodass der Christus in ihm wirksam wird und ihn in sein Reich hinaufträgt, in dem er nicht die Macht hat, das Karma des Menschen unwirksam zu machen, in dem aber durch ihn das geschieht, dass unsere Schuld für die Außenwelt getilgt wird.

Bildlich ist das auch in der Malerei dargestellt worden: Der Christus als Richter des Jüngsten Gerichts in einem solchen Bild, wie das des Michelangelo in der Sixtinischen Kapelle. Was liegt diesem Bild zugrunde? Da sehen wir die Gerechten und da sehen wir die Sünder. Es gäbe eine Möglichkeit, dieses Bild noch anders darzustellen, meine lieben Freunde, als es Michelangelo als Christ tut. Es gäbe die Möglichkeit, dass die Menschen nach dem Ende der Erde ihr ausgeglichenes Karma sehen, aber überall auf ehernen Tafeln geschrieben steht: meine Schuld! Diese Schuld würde Schwere für die Erde bedeuten, sie müsste die Erde vernichten.

Das wäre aber keine Wahrheit. Es könnte so da stehen, aber es wäre keine Wahrheit. Denn dadurch, dass der Christus auf Golgota gestorben ist, wird der Mensch nicht seine Schuldtafeln sehen, sondern er wird den sehen, der es übernommen hat. Sehen wird er in der Wesenheit des Christus all das vereinigt, was sonst in der Akasha-Chronik zerstreut wäre. Anstatt der Akasha-Chronik steht der Christus vor ihm, der das auf sich genommen hat.

Wir sehen da in tiefe Geheimnisse des Erdwerdens hinein. Aber was ist notwendig, meine lieben Freunde, um den wahren Tatbestand auf diesem Gebiet zu durchschauen? Das ist notwendig, dass die Menschen die Möglichkeit haben, gleichgültig ob sie Sünder oder Gerechte sind, auf den Christus hinzuschauen, dass sie nicht einen anderen an der Stelle sehen, wo der Christus stehen soll. Der Zusammenhang mit dem Christus ist notwendig.

Und wenn der Christus denen, die in seinem Geist wirken, den Auftrag gegeben hat, Sünden zu vergeben, so ist damit nicht gemeint, das Karma zu beeinträchtigen. Damit ist gemeint, dass für den, der mit dem Christus in Beziehung steht, das Erdreich gerettet wird von den geistigen Folgen der Schuld und der Sünde, die objektive Tatsachen sind, auch wenn sie im subjektiven Karma ausgeglichen werden.

Was bedeutet es für die menschliche Seele, wenn derjenige, der im Auftrag des Christus sprechen darf, ihr sagt: Deine Sünden sind dir vergeben? Das bedeutet, dass der Betreffende zu bekräftigen weiß: Du hast den karmischen Ausgleich zu erwarten, aber deine Schuld für die Welt wandelt der Christus um, sodass du später nicht das ungeheure Leid zu tragen hast, auf deine Schuld zurückzuschauen, mit der du ein Stück des Erddaseins vernichtet hast. Der Christus tilgt sie aus!

Dazu ist aber das Verständnis dafür notwendig, dass der Sündenvergeber ein Bewusstsein der Schuld und ein Bewusstsein dessen fordern darf, dass der Christus die Schuld auf sich nimmt. Dann bedeutet der Ausspruch, deine Sünden sind dir vergeben, eine kosmische Tatsache, nicht eine karmische Tatsache.[2]

Der Christus zeigt an einer Stelle so wunderbar, wie er zu dieser Frage steht. Wir malen uns in der Seele die Szene mit der Ehebrecherin, und mit denen, die sie verdammend zu ihm kommen. Mit zweierlei tritt ihnen der Christus entgegen: mit dem einen, dass er in die Erde hineinschreibt, und mit dem anderen, dass er vergibt, dass er überhaupt nicht urteilt, dass er nicht verdammt.

Warum schreibt er in die Erde hinein? Weil das Karma weiterwirkt, weil das Karma eine objektive Gerechtigkeit ist. Der Christus schreibt sie in die Erde hinein. Anders ist es aber mit den geistig-kosmischen, mit den nicht-irdischen Folgen. Diese nimmt der Christus auf sich. Das heißt es, dass er sie «vergibt»: Es heißt nicht, dass er sie im absoluten Sinn austilgt, sondern dass er die Folge dessen auf sich nimmt, was objektiv getan ist.

Denken wir, meine lieben Freunde, was es für die Menschenseele bedeutet, wenn sie sich sagen kann: Ich habe

---

2 Im Johannes-Evangelium (1,29) heißt es: «Siehe, das ist Gottes Lamm, das der Welt Sünde trägt!» (griech.: τὴν ἁμαρτίαν τοῦ κόσμου, ten hamartian tou kosmou: die Sünde der Welt). Nicht von der Sünde im Menschen ist die Rede, sondern von der Sünde «der Welt».

dieses und jenes in der Welt getan, aber es beeinträchtigt meine Fortentwicklung nicht. Denn ich bleibe nicht so unvollkommen, wie ich war, als ich die Tat begangen habe; ich darf meine Vollkommenheit im weiteren Verlauf meines Lebens wieder erringen, indem ich die Tat ausgleiche. Aber für die Erdentwicklung kann ich die Tat nicht ungeschehen machen.

Unsägliches Leid müssten wir durchmachen, wenn sich nicht mit der Erde ein Wesen verbunden hätte, das all das, was nicht von uns abgewendet werden kann, für uns ungeschehen macht. Dieses Wesen ist der Christus. Nicht das subjektive Karma, aber die objektiven Wirkungen unserer Taten, die Schuld, nimmt er uns ab. Das ist es, was wir in unserem Gemüt weitertragen müssen.

Dann werden wir verstehen, dass der Christus jene Wesenheit ist, die mit der ganzen Erdmenschheit in Zusammenhang steht. Denn die Erde ist um der Menschheit willen da, und der Christus steht mit der ganzen Erde in Zusammenhang. Das ist die Schwäche des Menschen, die infolge der luziferischen Verführung eingetreten ist, dass er imstande ist, sich subjektiv in seinem Karma zu erlösen, aber nicht imstande ist, die Erde mitzuerlösen. Das vollbringt ein kosmisches Wesen, das vollbringt der Christus.

Jetzt begreifen wir, warum manche Theosophen nicht verstehen können, dass das Christentum mit der Karmaidee völlig im Einklang steht. Das sind Theosophen, die in die Theosophie den vollsten Egoismus hineintragen. Sie denken: Wenn ich in meinem Karma mich selbst erlöse, was geht mich die ganze Welt an! Die mag machen, was sie will! Sie sind zufrieden, wenn sie nur von dem karmischen Ausgleich sprechen können.

Aber damit ist es nicht getan. Der Mensch ist ein Glied der ganzen Welt und er muss hingebungsvoll an die ganze Welt denken. Er muss denken, dass er egoistisch sich selbst erlösen kann, aber nicht die ganze Welt miterlösen kann. Da tritt der Christus ein. Und in dem Augenblick, da wir uns entschließen, nicht nur an unser Ich zu denken, müssen wir noch an etwas anderes als an unser Ich denken, aber an was? An den «Christus in mir», wie Paulus sagt. Dann sagen wir nicht: Ich und meine Selbsterlösung, sondern wir sagen: Der Christus in mir und die Erderlösung.

Meine lieben Freunde! Man muss wenig christlichen Sinn haben, wenn man das Christentum so interpretiert, wie es viele machen, die sich rechte Christen dünken und die theosophischen Christen verketzern. Es darf die Frage erlaubt sein: Ist es wirklich christlich zu denken, dass ich alles tun darf, und dass der Christus nur in die Welt gekommen ist, um mir das alles abzunehmen? Meine lieben Freunde, ich glaube, dass ein anderes Wort als das Wort «christlich» auf diese Denkweise anwendbar ist. Das ist das Wort «bequem»!

Bequem wäre es, wenn man bloß zu bereuen hätte und alles ausgelöscht wäre für sein ganzes späteres Karma, was man in der Welt verbrochen hat. Nein, von dem Karma wird es nicht ausgelöscht. Es wird von dem ausgelöscht, zu dem wir wegen der menschlichen Schwäche durch die luziferische Verführung nicht selbst dringen können – von der Erdentwicklung. Und das tut der Christus. Dieses Leid wird mit der Sündenvergebung von uns genommen: dass wir für ewige Zeiten der ganzen Erdentwicklung ein objektives Leid zugefügt haben. Dafür müssen wir aber ein Interesse haben.

Wenn wir die Sache so auffassen, dann wird sich auch in vielen anderen Dingen ein kräftiger Ernst mit der Christus-Auffassung verbinden, meine lieben Freunde. Manches wird von der Christus-Auffassung abfallen, was als eine Art von Frivolität, von Zynismus erscheinen wird. Denn alles, was heute gesagt worden ist, weist darauf hin: Was uns der Christus ist, das ist er uns dadurch, dass er nicht ein Mensch wie andere Menschen ist, sondern ein Wesen, das bei der Johannes-Taufe im Jordan von oben, aus dem Kosmos, in die Erdentwicklung der Menschen eingetreten ist. Weil der Mensch im Laufe des Erddaseins nicht selber die Schuld für die Erde tilgen konnte, musste ein kosmisches Wesen herabsteigen, das möglich macht, die Schuld für die Erde zu tilgen.

Wahres Christentum kann gar nicht anders, als den Christus als ein kosmisches Wesen zu sehen. Dann aber werden wir in unserer Seele tief durchdrungen werden von dem, was die Worte bedeuten: Nicht ich, sondern der Christus in mir. Dann strahlt von dieser Erkenntnis etwas in unsere Seele, was wir nicht anders bezeichnen können als mit den Worten: In dem Augenblick, wo ich mir erlaube zu sagen: Nicht ich, sondern der Christus in mir, gestehe ich mir, dass ich als Mensch gewürdigt werde, in meiner Seele etwas zu tragen, was außerirdisch ist – so wie ich in meinen Anlagen, die ich von Saturn, Sonne und Mond her in mir trage, ein außerirdisches Wesen bin.

Mit diesem paulinischen Ausspruch: «Nicht ich, sondern der Christus in mir», wird der Mensch auch das Gefühl verbinden, dass er tiefsten Ernst mit seiner Verantwortlichkeit dem Christus gegenüber machen muss.

Das wird die Theosophie in das Bewusstsein hineinbringen: ein Verantwortungsgefühl – das Gefühl, dass wir nicht damit zufrieden sein dürfen zu sagen: Ich habe etwas geglaubt, und weil ich es geglaubt habe, darf ich es auch sagen. Meine lieben Freunde! Ist es nicht eine Schändung, eine neuerliche Kreuzigung des Christus in uns, wenn wir so kurzfühlend sind, dass wir etwas in die Welt hinausschreien oder hinausschreiben, weil wir es glauben, ohne es untersucht zu haben?

Das Gefühl wird in dem Menschen entstehen, wenn er Ernst macht mit dem Christus, dass er sich diesem Christus, der in ihm lebt, würdig erweisen soll, dadurch, dass er es immer gewissenhafter mit dem kosmischen Prinzip in sich nimmt. Wir können denken, dass diejenigen den Christus nicht als kosmisches Prinzip aufnehmen wollen, die bei jeder Gelegenheit erst lügen über ihre Nebenmenschen und dann diese Lügen austilgen möchten.

Vieles wird sich ändern, wenn eine ernste Christus-Auffassung in die Welt kommt. Die unzähligen Leute, die Unwahrhaftiges schreiben, werden sich klar darüber werden, dass sie damit den Christus in der menschlichen Seele schänden. Aufhören wird die Entschuldigung: Ich habe es in gutem Glauben gesagt! Der Christus will nicht bloß den guten Glauben. Er hat gesagt: «Ihr werdet die Wahrheit erkennen, und die Wahrheit wird euch frei machen.» (Johannes 8,32). Wo aber hat er gesagt, dass es möglich ist, wenn man in seinem Sinn denkt, dieses und jenes in die Welt hinauszuschreien oder zu schreiben, ohne dass man es prüft?

Vieles wird anders werden. Ein großer Teil unseres heutigen Schrifttums wird nicht weiter existieren können, wenn die Menschen von dem Grundsatz ausgehen: Nicht ich, sondern der Christus in mir. Der Krebsschaden unserer Niedergangskultur wird ausgelöscht sein, wenn jene Menschen aufhören werden zu sprechen, die leichthin alles in die Welt hinausschreien, ohne sich dessen vergewissert zu haben.

Wir haben gerade auf diesem Gebiet vieles in der Theosophischen Gesellschaft erleben müssen. Und wie leicht hatte man die Entschuldigung bei der Hand: Der Betreffende war in dem Augenblick davon überzeugt! Als was erweist sich oft eine solche Überzeugung? Als der größte Leichtsinn, als die purste Frivolität. Nicht aus einem persönlichen

Grund, sondern aus dem Ernst der Lage darf darauf aufmerksam gemacht werden, dass es keine Entschuldigung gibt, wenn an wichtiger Stelle der Theosophischen Gesellschaft, wenn von der Präsidentin dieser Gesellschaft die Unwahrheit von dem Jesuitenmärchen hingestellt wird.[3] Es ist längst abgelaufen, aber zur Charakterisierung dieser Tatsache darf darauf hingewiesen werden, dass die Leute nachträglich gesagt haben: Die Präsidentin hat es doch nach wenigen Wochen zurückgenommen! Umso schlimmer, denn da beginnt die Weltbeurteilung, nicht die persönliche Beurteilung.

Was wir in einem höheren Sinn christliches Gewissen nennen können, das wird immer mehr in die Seelen einziehen, wenn das Wort des Paulus wahr wird: Nicht ich, sondern der Christus in mir. Das Bewusstsein wird einziehen, dass man nicht sagen darf, was man nur glaubt, sondern dass man an dem objektiven Tatbestand zu prüfen hat, was man sagt.

Der Christus wird den Seelen der Lehrer einer höheren Wahrheit, eines höheren Verständnisses sein. Damit wird er die Seelen durchdringen, wenn die Seelen immer mehr spüren werden das ganze Gewicht des Wortes: «Nicht ich, sondern der Christus in mir!» Von diesen Dingen morgen weiter.

---

3 Annie Besant, die damalige Präsidentin der Theosophischen Gesellschaft, hatte öffentlich Rudolf Steiner beschuldigt, ein Jesuitenzögling zu sein.

Klartextnachschrift, 4. Vortrag, Seite 1

CHRISTUS UND DIE MENSCHLICHE SEELE.

Vierter Vortrag.

Norrköping, 16. Juli 1914

Meine lieben theosophischen Freunde!

Die Menschheit braucht fortwährend Wahrheiten, die nicht zu jeder Zeit vollständig verstanden werden können. Wahrheit in sich aufnehmen bedeutet nml. nicht nur etwas für die Erkenntnis, sondern Wahrheit als solche enthält Lebenskraft, und indem wir uns mit der Wahrheit durchdringen, durchdringen wir uns in unserem Seelischen mit einem Elemente des Lebens, wie wir uns durchdringen müssen in unserem Leiblichen fortwährend mit der von aussen aufgenommenen Luft, damit wir leben können. Das ist der Grund, warum in den religiösen Urkunden tiefe Wahrheiten ausgesprochen werden, aber in einer solchen Form ausgesprochen werden dass die Menschen oftmals sie ihrer eigentlich inneren Bedeutung nach, erst viel, viel später erkennen können, als sie geoffenbart werden. Sehen Sie, das neue Testament liegt als eine Urkunde für die Menschheit, man möchte sagen, ausgebreitet da, aber die ganze Erdenentwickelung, die noch kommen soll, wird notwendig sein um dieses neue Testament vollständig zu verstehen. Man wird in der Zukunft vieles erfahren noch über die äussere Welt; man wird vieles erfahren über die geistige Welt auch, und alles wird dazu beitragen können, wenn man es im richtigen Lichte sehen wird, das neue Testament zu verstehen. Das Verständnis kommt nach und nach. Aber das neue Testament ist geschrieben in einer einfachen Form, sodass es aufgenommen werdenkann und später, nach und nach, verstanden. Denn es ist nicht bedeutungslos, m.l.Fr., wenn wir uns durchdringen mit der Wahrheit, die im neuen Testamente liegt, auch wenn wir sie nicht ganz verstehen; später wird die Wahrheit Erkenntniskraft, vorher ist sie Lebenskraft, indem sie aufgenommen wird in einer mehr oder weniger - man möchte sagen - kindlicher Form. Und gerade die Fragen, die wir gestern betrachtet haben, erfordern, wenn sie so verstanden werdens sollen, wie sie im neuen Testamente mitgeteilt sind, ein inneres, tieferes Verständnis und Hineinblicken in die geistigen Welten und ihre Geheimnisse,

Um die gestrige Betrachtung fortsetzen zu können, müssen wir in einige okkulte Geheimnisse hineinblicken, um die Frage nach Sünde und Schuld noch weiter zu verstehen, um so gerade von diesem Gesichtspunkte aus noch ein Licht zu werfen auf das Verhältnis des Christus zur menschlichen Seele.

Vor allen Dingen, m.l.Fr., ist uns ja schon oftmals ein Gesichtspunkt aufgestossen im Verlaufe unserer geisteswissenschaftlichen Arbeit, den wir in eine Frage kleiden können: Warum ist Christus gestorben in einem menschlichen Leibe?

Vierter Vortrag

Wohin mit der Entwicklung des Menschen?

«Auferstehen werden wir im Leib!»

Norrköping, 16. Juli 1914

Meine lieben theosophischen Freunde!

Die Menschheit braucht fortwährend Wahrheiten, die nicht zu jeder Zeit verstanden werden können. Die Wahrheit in sich aufnehmen, bedeutet etwas nicht nur für die Erkenntnis – die Wahrheit enthält Lebenskraft. Indem wir uns mit der Wahrheit durchdringen, durchdringen wir uns in unserer Seele mit einem Lebenselement, wie wir uns fortwährend in unserem Leib mit der von außen aufgenommenen Luft durchdringen, damit wir leben können.

Das ist der Grund, warum in den religiösen Urkunden tiefe Wahrheiten ausgesprochen werden, aber in einer solchen Form ausgesprochen werden, dass die Menschen sie ihrer tieferen Bedeutung nach erst viel später erkennen können, als sie geoffenbart werden. Das Neue Testament liegt als eine Urkunde vor der Menschheit ausgebreitet da, aber die ganze Erdentwicklung, die noch kommen soll, wird notwendig sein, um dieses Neue Testament zu verstehen.

Man wird in der Zukunft noch vieles über die äußere Welt erfahren, man wird vieles auch über die geistige Welt erfahren, und alles wird dazu beitragen, wenn man es im richtigen Licht sieht, das Neue Testament zu verstehen. Das Verständnis kommt nach und nach, aber das Neue Testament ist in einer einfachen Form geschrieben, sodass es aufgenommen und erst später verstanden werden kann.

Es ist nicht bedeutungslos, meine lieben Freunde, wenn wir uns mit der Wahrheit durchdringen, die im Neuen Testament liegt, auch wenn wir sie nicht ganz verstehen. Später wird die Wahrheit Erkenntniskraft, vorher ist sie Lebenskraft, indem sie in einer mehr oder weniger kindlichen Form aufgenommen wird. Gerade die Fragen, die wir gestern betrachtet haben, erfordern ein tieferes Verständnis, ein Hineinblicken in die geistige Welt und ihre Geheimnisse, wenn sie so verstanden werden sollen, wie sie im Neuen Testament mitgeteilt sind.

Um die gestrige Betrachtung fortzusetzen, müssen wir in einige okkulte Geheimnisse hineinblicken, um die Frage der Sünde und der Schuld noch weiter zu verstehen, um von diesem Gesichtspunkt aus ein Licht auf das Verhältnis des Christus zur menschlichen Seele zu werfen.

Vor allen Dingen, meine lieben Freunde, ist uns schon oft ein Gesichtspunkt aufgestoßen im Verlauf unserer geisteswissenschaftlichen Arbeit, den wir in einer Frage ausdrücken können: Warum ist der Christus in einem menschlichen Leib gestorben? Diese Frage ist die Frage nach dem Mysterium von Golgota: Warum ist der Christus gestorben, warum ist ein Gott (ein göttliches Wesen) in einem menschlichen Leib gestorben?

Meine lieben Freunde! Der Gott ist gestorben, weil durch die Weltentwicklung die Notwendigkeit vorlag, dass ein Gott in die Erdmenschheit einzieht, dass ein Gott der oberen Welten der Führer der Erdentwicklung wird.

Dazu musste der Christus «todverwandt» werden. Todverwandt: Man möchte, dass dieses Wort recht tief von den Menschenseelen verstanden wird. Der Tod tritt in der Regel dem Menschen nur entgegen, wenn er einen anderen Menschen sterben sieht, oder in der Gewissheit, dass er selbst sterben wird. Aber das ist nur der äußere Aspekt des Todes. Der Tod ist noch ganz anders vorhanden in der Welt, in der wir leben, und darauf muss aufmerksam gemacht werden.

Gehen wir von einer ganz alltäglichen Erscheinung aus. Wir atmen die Luft ein, und wir atmen die Luft wieder aus. Aber die Luft macht in uns eine Veränderung durch: Wenn sie ausgeatmet wird, ist sie Todesluft, die ausgeatmete Luft ist tötend. Daraus können wir verstehen, meine lieben Freunde, warum der okkulte Satz ausgesprochen wird: Indem die Luft in den Menschen einzieht, stirbt sie. Was in der Luft lebendig ist, das stirbt, indem es in den Menschen einzieht.

Aber das ist nur eine Erscheinung. Der Lichtstrahl, der in unser Auge dringt, muss ebenso sterben. Wir würden nichts vom Lichtstrahl haben, wenn unser Auge sich nicht, wie unsere Lunge der Luft, dem Lichtstrahl entgegenstellen würde. Vom Tod des Lichtes in unserem Auge haben wir es, dass wir sehen können. Es stirbt das, was im Lichtäther lebendig ist, indem es in unser Auge dringt. In unserem Auge wird der Lichtstrahl tot, wir morden ihn.

Wir sind von dem gefüllt, was in uns sterben muss, damit wir unser menschliches Erdbewusstsein haben. Körperlich töten wir die Luft, und wir töten auch den Lichtstrahl, der in uns eindringt. So töten wir, meine lieben Freunde, in vielfacher Beziehung. Wir unterscheiden, wenn wir geisteswissenschaftlich sprechen, den Erdstoff, den Wasserstoff, den Luftstoff, den Wärmestoff. Wir treten dann in die Welt des Lichtäthers ein (s. Fachausdrücke S. 222). Bis zum Lichtäther hinauf töten wir das, was in uns eindringt. Wir morden es fortwährend, damit wir unser Erdbewusstsein haben.

Etwas können wir aber nicht töten durch unser Erddasein. Wir wissen, dass es über dem Lichtäther den chemischen Äther und dann den Lebensäther gibt. Das sind die beiden Ätherarten, die wir nicht töten können, aber dafür haben diese beiden Ätherarten auch keinen besonderen Anteil an uns. Wären wir in der Lage, auch den chemischen Äther zu töten, dann würde in unseren physischen Leib fortwährend die Welt der Sphärenharmonie hereinströmen. Es würde die Sphärenharmonie in unserem physischen Leib fortwährend ertönen. Und könnten wir auch den Lebensäther töten, so würden wir das kosmische Leben, das aus der Erde ausströmt, fortwährend in uns selbst erleben.

Uns ist im irdischen Ton ein Surrogat gegeben, das nicht zu vergleichen ist mit dem, was wir hören würden, wenn uns als physische Menschen der chemische Äther hörbar wäre. Denn der physische Ton ist ein Produkt der Luft, er ist nicht der geistige Ton, er ist nur ein Surrogat des geistigen Tons.

Als die luziferische Versuchung kam, da waren die fortschreitenden Götter genötigt, den Menschen in eine Sphäre zu versetzen, wo vom Lichtäther nach abwärts in seinem physischen Leib der Tod lebt. Aber damals sagten die fortschreitenden Götter – und dieses Wort ist in der Bibel verzeichnet –: Die Unterscheidung von Gut und Böse hat sich der Mensch angeeignet, aber das Leben soll er nicht haben! Vom Baum des Lebens soll er nicht essen![4] Und ein anderes Wort kann im Sinne des Okkultismus dazugefügt werden. Die Fortsetzung von diesem Wort würde heißen: «Und vom Geist des Stoffes soll er nicht hören!»

Vom Baum des Lebens soll er nicht essen und vom Geist des Stoffes soll er nicht hören: Diese Regionen sind dem Menschen verschlossen worden. Nur durch eine gewisse Prozedur wurden in den alten Mysterien den Einzuweihenden außerhalb des Leibes auch die Töne der Sphärenmusik und das durch die Welt pulsierende Leben erschlossen, als

4 s. 1. Buch Mose 3,22: «Und Gott der Herr sprach: Siehe, der Mensch ist geworden wie unsereiner und weiß, was gut und böse ist. Nun aber, dass er nur nicht ausstrecke seine Hand und breche auch von dem Baum des Lebens und esse und lebe ewiglich!»

sie vorausnehmend den Christus sehen durften. Daher sprachen auch die alten Philosophen von der «Sphärenmusik».

Indem wir auf dieses aufmerksam machen, meine lieben Freunde, weisen wir zugleich auf die Regionen hin, aus denen der Christus bei der Johannes-Taufe im Jordan zu uns Menschen gekommen ist. Diese Regionen hat der Mensch im Erdbeginn durch die luziferische Versuchung verlassen müssen. Der Christus kam aus den Regionen, die dem Menschen durch die luziferische Versuchung verschlossen worden sind, aus der Region der Sphärenmusik und aus der Region des kosmischen Lebens.

Der Christus ist bei der Johannes-Taufe im Jordan in einen Menschenleib eingezogen. Was diesen Menschenleib durchsetzt hat, das war das Geistige der Sphärenmusik und das Geistige des kosmischen Lebens. Das war das, zu dem die Menschenseele zu Beginn ihrer Erdzeit noch gehörte, aus dem sie aber durch die luziferische Versuchung verbannt werden musste.

Der Mensch ist in diesem Sinn «geistverwandt», meine lieben Freunde! Er gehört mit seiner Seele der Region der Sphärenmusik, des Weltwortes, und der Region des lebendigen kosmischen Äthers an. Aber er wurde daraus vertrieben.

Das sollte ihm wieder werden, sodass er sich nach und nach mit dem durchdringen kann, aus dem er verbannt worden ist. Deshalb berühren uns so tief die Worte am Anfang des Johannes-Evangeliums: Im Urbeginn war das Wort, der

Logos. Als der Mensch noch nicht der Versuchung erlegen war, gehörte er dem Logos an. Der Logos war bei Gott und der Mensch war mit dem Logos bei Gott. Bei der Johannes-Taufe im Jordan trat der Logos in die menschliche Entwicklung ein und wurde Mensch.

Hier haben wir den bedeutungsvollen Zusammenhang. Lassen wir diese Wahrheit so stehen, und versuchen wir, von einer anderen Seite uns dieser Frage zu nähern.

Das ganze Leben zeigt sich uns nur von der Außenseite. Wenn es sich uns nicht von der Außenseite zeigen würde, dann würde der Mensch wissen, dass er den Leichnam des Lichtes in sein Auge einsaugt, indem er sieht. Was musste der Christus auf sich nehmen, damit möglich wird die Erfüllung des paulinischen Ausspruchs: «Nicht ich, sondern der Christus in mir»? Es musste möglich werden, dass der Christus die Menschennatur durchdringt.

Aber vom Lichtäther, der im Auge stirbt, abwärts ist die Menschennatur mit dem erfüllt, was getötet wird. Mit dem Tod ist die Menschennatur angefüllt – nur das wurde dem Menschen entzogen, was in den beiden höchsten Ätherarten liegt, damit nicht auch deren Tod die menschliche Natur erfassen kann. Damit der Christus in uns wohnen kann, musste er todverwandt werden, verwandt mit all dem, was in der Welt ausgebreitet ist, vom Licht angefangen bis hinunter in die Tiefe der Stofflichkeit.

Der Christus musste in das einziehen, was wir in uns tragen als den Leichnam des Lichtes, den Leichnam der Wärme, den Leichnam der Luft, des Wassers und der Erde. Nur dadurch hat er «menschenverwandt» werden können, dass er todverwandt geworden ist. Wir müssen in unserer Seele fühlen, dass ein Gott sterben musste, damit er uns – die wir uns durch die luziferische Versuchung den Tod erobert haben – erfüllen kann, und wir sagen können: «Christus in mir».

Aber auch manches andere verbirgt sich für den Menschen hinter dem sinnlichen Dasein. Der Mensch richtet seinen Blick auf die Pflanzenwelt. Er sieht, wie das Licht der Sonne die Pflanze aus dem Erdgrund hervorzaubert. Die Wissenschaft lehrt uns, dass das Licht zum Wachstum der Pflanze notwendig ist, aber das ist nur die eine Seite der Wahrheit. Mit dem hellsichtigen Blick sieht man aus den Pflanzen lebendiges Geisteselement aufsteigen. Das Licht taucht in die Pflanze unter, und es steigt als lebendiges Geisteselement wieder auf.

In die Pflanze steigt das Licht hinunter, um in ihr als lebendiges Geisteselement wiedergeboren zu werden. In die Tiere steigt der chemische Äther hinein, den der Mensch nicht wahrnehmen kann. Das Tier würde geistig tönen, wenn der Mensch den chemischen Äther wahrnehmen könnte. Die Tiere verwandeln diesen chemischen Äther in Wassergeister.

- Die Pflanzen verwandeln den Geist, der im Lichtäther wirkt, in Luftgeister;
- die Tiere verwandeln den Geist, der im chemischen Äther wirkt, in Wassergeister.
- Der Mensch aber verwandelt das, was im kosmischen Lebensäther wirkt, in Erdgeister.

Den Lebensäther, der macht, dass der Mensch überhaupt leben kann und von dem verhindert worden ist, dass er ihn in sich töten kann, den Lebensäther verwandelt der Mensch in Erdgeister. Ja, in Erdgeister verwandelt er den Lebensäther!

Ich habe einmal bei einer Vortragsreihe in Karlsruhe (*Von Jesus zu Christus,* 1911) von dem menschlichen «Phantom» gesprochen. Es ist hier nicht die Zeit, die Verbindungslinie zu ziehen von dem, was hier zu sagen ist, zu dem, was dort über das Phantom gesagt worden ist. Aber es gibt eine solche Verbindungslinie, die Sie vielleicht selber finden können.

Fortwährend, meine lieben Freunde, erzeugt sich im Menschen auch etwas Geistiges. Was als Leben im Menschen lebt, das geht fortwährend hinaus in die Welt. Der Mensch verbreitet um sich eine Aura, eine Strahlungsaura, wodurch er das Erdgeistelement der Erde fortwährend bereichert. In diesem Erdgeistelement der Erde ist all das enthalten, was der Mensch an moralischen und sonstigen im Leben erworbenen Qualitäten in sich trägt, indem er es in die Erde hinüberschickt.

Wahr ist es, meine lieben Freunde: Für den hellsichtigen Blick zeigt sich, dass der Mensch fortwährend seine moralische, intellektuelle und ästhetische Aura in die Welt hinausschickt, und dass diese Aura als Erdgeist in der Erdgeistigkeit weiterlebt. Wie der Komet seinen Schweif durch das Weltall nachzieht, so ziehen wir durch das ganze Leben das nach, was wir an Geistesaura ausdünsten, was sich während unseres Lebens phantomhaft zusammenfügt, aber zugleich unser moralisches und intellektuelles Seelengut in die Welt hinausstrahlt. Das Leben ist kompliziert, und auch das ist eine Erscheinung des Lebens.

Wenn wir in der okkulten Betrachtung zu der Zeit vor dem Mysterium von Golgota zurückgehen, da finden wir, dass die Menschen auch damals, vor dem Mysterium von Golgota, in die äußere Welt, in die äußere geistige Aura der Erde dieses phantomartige Wesen hinausgeschickt haben, das die moralischen Qualitäten enthält. Aber die Menschheit entwickelt sich im Laufe des Erddaseins. Und es war gerade in Bezug auf dieses phantomartige Wesen, das der Mensch ausstrahlt, zu einem gewissen Stadium der Entwicklung gekommen in der Zeit, in die das Mysterium von Golgota fiel.

Früher war dieses phantomartige Wesen, das der Mensch ausstrahlt, viel flüchtiger. Es wurde licht- und gestaltreicher in der Zeit, in der das Mysterium von Golgota über die Erde kam. Der Mensch mischte diesem phantomartigen

Wesen als einen Grundcharakter das bei, was er an Tod in sich aufnimmt, indem er den Lichtstrahl tötet, der in das Auge dringt, und so weiter. Wie ein totgeborenes Geisteskind ist dieses erdgeistartige Wesen, das der Mensch von sich ausstrahlt, weil er ihm seinen Tod mitgibt.

Stellen wir uns vor, der Christus wäre nicht auf die Erde gekommen. Dann würden die Menschen während des Aufenthaltes ihrer Seelen im irdischen Leib fortwährend solches Wesenhafte ausstrahlen, dem der Tod eingeprägt ist. Mit diesem Toten wären die moralischen Qualitäten des Menschen verbunden, von denen wir gestern gesprochen haben: die objektive Schuld, die objektive Sünde. Die wären da drinnen. Nehmen wir an, das Mysterium von Golgota wäre nicht gekommen: Was wäre gekommen in der Erdentwicklung?

Von der Zeit an, in die das Mysterium von Golgota fällt, hätten die Menschen geistige Gestalten geschaffen, dichte Gestalten, denen sie den Tod mitgegeben hätten. Und diese dichten Gestalten wären das geworden, was mit der Erde zu dem Jupiter (zu der Neuen Erde) hätte hinüberziehen müssen. Der Mensch hätte der Erde den Tod erteilt. Eine tote Erde hätte einen toten Jupiter geboren. So hätte es kommen müssen, weil dem Menschen die Möglichkeit gefehlt hätte, das, was so von ihm ausstrahlt, mit dem zu durchdringen, was in der Sphärenmusik liegt, und mit dem, was in dem kosmischen Leben liegt. Das wäre nicht da gewesen, das wäre nicht eingeströmt in das, was der Mensch von sich ausstrahlt.

Dieses aber hat der Christus mit dem Mysterium von Golgota gebracht. Und indem sich in uns das erfüllt, meine lieben Freunde: «Nicht ich, sondern der Christus in mir», indem wir den Christus in uns aufnehmen und unsere Beziehung zu ihm entwickeln, belebt sich das, was von uns ausstrahlt und was sonst tot wäre. Weil wir den Tod in uns tragen, muss uns der lebendige Christus durchdringen, damit er das belebt, was wir als geistige Erdwesen zurücklassen. In das, was sich von uns als objektive Sünde, als objektive Schuld loslöst, dringt der lebendige Logos, der Christus ein, und er belebt es. Und indem er es belebt, wird sich eine lebendige Erde zum Jupiter hinüberentwickeln. Das ist die Folge des Mysteriums von Golgota.

Unsere Seele aber, meine lieben Freunde, kann, wenn sie solches bedenkt, in der folgenden Weise den Christus empfinden. Sie kann sich sagen: Da gab es einmal eine Welt, in der der Mensch im Schoß des göttlichen Logos war. Aber der Mensch nahm mit der luziferischen Versuchung den Tod in sich auf, er nahm den Keim dazu auf, dass eine tote Erde einen toten Jupiter gebiert. Zurückgeblieben in der geistigen Welt ist das, was der Mensch vor der Versuchung für sein irdisches Leben hätte empfangen sollen. Mit dem Christus ist es aber in das menschliche Erddasein eingezogen, um der Menschenseele das wiederzugeben, was sie auf der Erde durch die luziferische Versuchung verlieren musste.

Wenn der Mensch sich mit dem Christus durchdringt, dann kann er sich sagen: Was durch die luziferische Versuchung hat zurückbleiben müssen im kosmischen All, das zieht mit dem Christus in meine Seele ein. Damit bin ich erst ganz Seele, damit bin ich erst wieder in meiner Seele von dem durchzogen, wozu sie durch göttlichen Ratschluss im Urbeginn der Erde bestimmt war.

Der Mensch fragt sich: Bin ich denn wahrhaftig eine Seele ohne den Christus? Er fühlt, er wird erst durch den Christus die Seele, die er hätte werden sollen nach dem Ratschluss der Götter.

Das ist das wunderbare Heimatgefühl, meine lieben Freunde, das die Seele mit dem Christus fühlen kann. Aus der uralten kosmischen Heimat der menschlichen Seele ist der Christus herabgekommen, und hinauf zu ihrer uralten Heimat, die ihr von den Göttern zuerteilt worden ist, führt der Christus die Menschenseele. Das ist das Beglückende, das Beseligende des Erlebens des Christus in der Menschenseele.

Das war es, was so beglückend auf christliche Mystiker des Mittelalters gewirkt hat, wie die, die sich an Bernhard von Clairvaux und andere angeschlossen haben, auch wenn sie ihre Erlebnisse oft in sinnlichen Bildern ausgedrückt haben. Sie empfanden die menschliche Seele wie eine Braut, die ihren Bräutigam beim Erdurbeginn verloren hat. Und wenn der Christus in ihre Seele, sie belebend, einzog, empfanden sie den Christus als den Seelenbräutigam, den die Seele einst in der uralten Heimat verloren hatte, und der sich mit ihr wieder verbindet.

Wenn die Menschenseele sich in den Christus einlebt, meine lieben Freunde, wenn sie den Christus als das lebendige Wesen empfindet, das durch den Tod auf Golgota in die geistige Atmosphäre der Erde eingeflossen ist, dann fühlt sie sich durch diesen Christus innerlich belebt. Sie fühlt den Übergang vom Tod zum Leben.

Nicht können wir, weil wir unsere weitere Erdzeit im Menschenleib absolvieren müssen, insofern wir irdisch leben, nicht können wir die Sphärenmusik unmittelbar hören, nicht können wir das kosmische Leben unmittelbar erleben. Aber wir können unmittelbar in uns das erleben, was von dem Christus ausfließt. Wir haben durch ihn stellvertretend das, was uns als Sphärenmusik und als kosmisches Leben zufließt. Wir können durch ihn erleben, was uns aus der Sphärenmusik und aus dem kosmischen Leben zukommt.

Der alte Pythagoras hat von der Sphärenmusik gesprochen. Warum hat er von der Sphärenmusik gesprochen? Weil er ein Eingeweihter der alten Mysterien war, der außerhalb seines Leibes den Christus erleben konnte, der später in die Erdwelt gekommen ist. Der Mensch kann nach dem

Mysterium von Golgota nicht so von der Sphärenmusik sprechen, wie Pythagoras davon gesprochen hat, aber er kann in anderer Weise davon sprechen, auch wenn er nicht außerhalb des Leibes mit seiner Seele lebt.

Als Eingeweihter kann der Mensch auch heute wie Pythagoras sprechen, aber als gewöhnlicher Mensch kann er in seinem physischen Leib von Sphärenmusik und kosmischem Leben sprechen, wenn er in seiner Seele das «Nicht ich, sondern der Christus in mir» erlebt. Denn das ist es, was in Sphärenmusik und kosmischem Leben gelebt hat. Aber er muss diesen Prozess in sich durchmachen, er muss den Christus in seine Seele aufnehmen.

Nehmen wir an, ein Mensch würde sich dagegen sträuben, den Christus in seine Seele aufzunehmen. Dann würde er an das Ende der Erde kommen, und er würde in dem, was im Laufe der Entwicklung an Erdgeistern entstanden ist – in jenem geistigen Nebelgebilde, das sich aus der Erde gebildet haben wird –, er würde in dem drinnen all die phantomartigen Wesen haben, die aus ihm in früheren Inkarnationen herausgegangen sind. Das wäre alles da drinnen. Was so da wäre, wäre eine tote Erde, und die Erde würde tot zum Jupiter hinübergehen.

Ein solcher Mensch könnte am Ende der Erdzeiten sein Karma vollständig ausgetragen haben. Er könnte subjektiv all das ausgeglichen haben, was er an Unvollkommenheiten verübt hat. Er könnte in seinem Seelischen, in seinem Ego, vollkommen geworden sein. Aber objektiv würden Schuld und Sünde dastehen in dem, was zurückgeblieben ist. Das ist eine Wahrheit, denn wir leben nicht nur für uns, wir leben für die Welt. Am Ende der Zeiten werden die Reste unserer irdischen Inkarnationen wie ein mächtiges Tableau dastehen, wenn wir nicht den lebendigen Christus in uns aufgenommen haben.

Was tut der lebendige Christus im Sinn des gestrigen Vortrags? Wenn wir das, was gestern gesagt worden ist, mit dem verbinden, was heute gesagt ist, dann sehen wir, dass der Christus Schuld und Sünde auf sich nimmt, insofern sie objektive Schuld und objektive Sünde sind. Und haben wir ihn ergriffen, den Christus in uns, so übernimmt er das, was aus uns herauszieht. Unsere Reste stehen dann von dem Christus belebt da, von dem Christus durchstrahlt. Und was geben diese Reste alle zusammen?

Dadurch, dass der Christus, der aller Menschheit gehört in Gegenwart und Zukunft, sie alle vereinigt, dadurch pressen sich all die Reste der einzelnen Inkarnationen ineinander. Jede Menschenseele lebt in aufeinanderfolgenden Inkarnationen und von jeder Inkarnation bleiben Reste bestehen – wir haben das geschildert. Die einzelnen Inkarnationen lassen ihre Reste bis zum Ende der Erdzeit zurück. Sind diese Reste durchchristet, dann drücken sie sich zusammen. Dadurch, dass sich das Dünne zusammenpresst, wird es dicht. Auch das dünne Geistige wird dicht.

Unsere sämtlichen Erdinkarnationen werden zu *einem* Geistleib vereinigt, der zu uns gehört und den wir brauchen, indem wir uns zum Jupiter hinüberentwickeln. Er ist der Ausgangspunkt unserer Verkörperung auf dem Jupiter. Wir werden am Ende der Erdzeiten mit unserer Seele dastehen, mag es mit ihrem Karma wie auch immer stehen. Mit unseren, von dem Christus gesammelten Erdresten werden wir uns zu vereinigen haben, um mit ihnen zu dem Jupiter überzugehen.

Auferstehen werden wir im Leib, in dem aus den einzelnen Inkarnationen verdichteten Erdleib. Mit tief bewegtem Herzen sage ich es, meine lieben Freunde: Auferstehen werden wir im Leib! Sechzehnjährige und noch jüngere Leute fangen heute an, davon zu reden, dass sie glücklich über solchen Unsinn wie die Auferstehung des Leibes hinaus sind. Diejenigen aber, die sich in die Geheimnisse der Welt vertiefen, streben allmählich hinauf zum Verständnis dessen, was den Menschen gesagt worden ist, weil es ihnen zuerst gesagt werden musste, damit sie es als Lebenswahrheit ergreifen, um es hinterher zu verstehen.

Die Auferstehung des Leibes ist eine Wahrheit, aber unsere Seele muss es empfinden, dass sie mit den von dem Christus versammelten Erdresten auferstehen will, mit dem Geistleib, der durchchristet ist. Das muss unsere Seele wollen.

Denn nehmen wir an, wir könnten nicht an diesen Erdleib mit seiner Schuld und seiner Sünde herantreten und uns mit ihm vereinigen, weil wir den lebendigen Christus nicht in uns aufgenommen haben. Hätten wir den Christus zurückgewiesen, so würden wir am Ende der Erdentwicklung da draußen stehen, mit unseren Inkarnationsresten zerstreut. Diese würden bleiben, und wir wären erdgebunden. Wir wären an das gebunden, was tot in unseren Resten zurückbleibt. Unsere Seele wäre im Geist egoistisch für sich befreit, aber wir könnten nicht an unsere leiblichen Reste heran.

Solche Seelen, meine lieben Freunde, sind die Beute Luzifers. Denn Luzifer strebt danach, das Erdziel zu durchkreuzen und die Seelen in der geistigen Welt zurückzubehalten. Luzifer wird in den Jupiter das hinübersenden, was zerstreute Erdreste geblieben sind als einen toten Einschluss Jupiters, der dann als Mond, der sich nicht vom Jupiter trennt, im Jupiter sein wird und immer diese Erdreste auftreiben wird. Diese Reste werden von den Seelen oben im Jupiter als von Gattungsseelen (Gruppenseelen) belebt werden müssen.

Erinnern wir uns, dass wir früher gesagt haben, dass das Menschengeschlecht auf dem Jupiter sich in solche spalten wird, die ihr Erdziel erreicht haben, und solche, die zwischen dem Menschenreich und dem Tierreich des Jupiter stehen werden. Das werden Seelen sein, die luziferisch, das heißt bloß geistig, da sind. Ihren Leib werden sie unten haben, aber dieser Leib wird ein Ausdruck ihres ganzen Seeleninneren sein. Sie werden ihn aber nur von außen dirigieren können.

Zwei (moralische) Rassen, eine gute und eine böse, werden sich im Jupiter voneinander unterscheiden. Es wird dann noch das Venus-Dasein folgen, und ein Ausgleich wird durch die weitere Evolution durch den Christus geschaffen werden. Aber der Mensch soll gerade auf dem Jupiter dessen ansichtig werden, meine lieben Freunde, was es heißt, nur in seinem Ego vollkommen werden zu wollen, und nicht die ganze Welt zu seiner eigenen Angelegenheit zu machen. Das soll der Mensch durch den ganzen Jupiter-Zyklus hindurch erfahren, indem ihm all das vor Augen tritt, was er während des Erddaseins nicht durchchristet hat.

Nehmen wir all das zusammen und gedenken wir, meine lieben Freunde, des Christus-Wortes, mit dem er seine Jünger in die Welt hinausgeschickt hat, um seinen Namen zu verkündigen und in seinem Namen die Sünden zu vergeben. Warum die Sünden vergeben? Weil die Sündenvergebung mit seinem Namen zusammenhängt. Weil die Sünde nur getilgt und zum lebendigen Leben umgeschafft werden kann, wenn der Christus mit unseren Erdresten verbunden ist, weil wir ihn während unseres Erddaseins in uns getragen haben im Sinne des paulinischen Wortes: Nicht ich, sondern der Christus in mir.

Wenn ein religiöses Bekenntnis, meine lieben Freunde, in seinen äußeren Handlungen an das Christus-Wort anknüpft, um der Seele immer wieder zu vergegenwärtigen, dass sie mit dem Christus zusammenhängt, dann müssen wir auch damit diese tiefe Bedeutung verknüpfen. Wenn ein religiöses Bekenntnis im Auftrag des Christus seine Diener von Vergebung der Sünden sprechen lässt, so heißt das nichts anderes als: Wer mit dem Wort der Sündenvergebung an die Vergebung der Sünden durch den Christus anknüpft, der deutet der Seele an, die getröstet sein will: Ich habe gesehen, dass du ein lebendiges Verhältnis zu dem Christus entwickelt hast; mit dem, was objektive Schuld und Sünde ist und in deine Erdreste einzieht, vereinigst du das, was dir der Christus ist; weil ich gesehen habe, dass du dich mit dem Christus durchdrungen hast, so darf ich dir sagen: Deine Sünden sind dir vergeben!

Immer ist stillschweigend die Überzeugung darin enthalten: Der Betreffende hält es mit dem Christus, er will den Christus in Herz und Seele tragen. Deshalb darf der Christus-Diener ihn trösten, wenn er ihm schuldbewusst entgegentritt: Der Christus wird dir verzeihen, und ich darf dir sagen, dass dir in seinem Namen deine Sünden vergeben sind.

Das ist eine schöne Anknüpfung an den einzigen Sündenvergeber – weil er der Sündenträger ist, weil er das die menschlichen Erdreste belebende Wesen ist. Das ist eine schöne Anknüpfung, wenn diejenigen, die ihm dienen wollen, die Seelen, die sich mit dem Christus verbunden fühlen, mit den Worten trösten: Deine Sünden sind dir vergeben! Es ist eine Bekräftigung des Verhältnisses der Seele zum Christus, wenn die Seele sich sagt: Ich habe meine Schuld und meine Sünde so aufgefasst, dass mir gesagt werden darf: Der Christus nimmt sie auf sich, er durchwirkt sie mit seinem Wesen. Immer ist, wenn das Wort von der Sündenvergebung ein wahres Wort sein soll, im Unterton das enthalten, dass der Sünder erneut seinen Bund mit dem Christus schließt oder dass er sich an sein Schließen erinnert. Nicht oft genug kann die Seele das Bewusstsein von diesem Bund erneuern.

So kann sich die Seele ihr Verhältnis zum Christus im alltäglichen Leben am besten dadurch zum Bewusstsein bringen, dass sie gerade in dem Moment der Sündenvergebung an das Dasein des kosmischen Christus im Erddasein sich erinnert.

Es werden diejenigen, meine lieben Freunde, die sich die Theosophie aneignen, nicht bloß im äußeren Sinn ihre eigenen «Beichtväter» werden können. Sie werden durch die Geisteswissenschaft sich so innig mit dem Christus verbunden fühlen, dass sie unmittelbar seine geistige Gegenwart empfinden können. Indem sie sich ihm als dem kosmischen Prinzip erneut angeloben, werden sie ihm im Geist die Beichte verrichten und in ihrer stillen Meditation die Sündenvergebung von ihm empfangen können.

Solange aber die Menschen sich nicht mit Geisteswissenschaft durchdrungen haben, muss mit Verständnis auf das hingewiesen werden, was in einem äußeren Zeichen in den verschiedenen Bekenntnissen herrscht. Geistig freier und freier werden die Menschen werden – so wird auch ihr Verkehr mit dem Christus immer unmittelbarer. Und Toleranz soll geübt werden!

Wie derjenige, der glaubt, unmittelbar Zwiesprache mit dem Christus halten zu können dadurch, dass er den Geist des Mysteriums von Golgota, den Christus, in seinem tiefsten Inneren ergriffen hat, wie der mit Verständnis auf diejenigen hinblicken soll, die die positiven Satzungen eines Bekenntnisses brauchen, die den Christus-Diener brauchen, der ihnen Trost gibt mit den Worten: «Deine Sünden sind dir vergeben», so sollen auf der anderen Seite diejenigen tolerant sein, die sehen, dass Menschen da sind, die mit sich selbst schon fertig werden. Das mag ein Ideal sein im Erddasein, aber wenigstens der Theosoph darf zu einem solchen Ideal aufblicken.

Meine lieben Freunde! Wir haben von geistigen Geheimnissen gesprochen, die sich uns enthüllen und die uns tiefer in das ganze Wesen unseres Seins hineinblicken lassen. Wir haben von der Überwindung des Egoismus gesprochen, von Dingen, deren Verständnis uns erst auch ein richtiges Karmaverständnis gibt. Wir haben von dem Menschen gesprochen, insofern er nicht nur ein Ich-Wesen ist, sondern dem ganzen Erddasein angehört und dazu berufen ist, das göttliche Erdziel mitzufördern.

Der Christus ist nicht bloß in die Welt gekommen und durch das Mysterium von Golgota gegangen, damit er jedem Einzelnen von uns in seinem Egoismus etwas sein kann. Furchtbar wäre es zu denken, dass das Wort: «Nicht ich, sondern der Christus in mir», so aufgefasst wird, dass es nur einen höheren Egoismus fördert. Der Christus ist für die ganze Menschheit gestorben, für die ganze Erdmenschheit. Er ist der zentrale Geist der Erde geworden, der alles Erdgeistige, das von dem Menschen ausfließt, für die Erde zu retten hat.

Man kann heute Werke von Theologen lesen, meine lieben Freunde, die sagen: Die Theologie des 19. Jahrhunderts hat endlich den mittelalterlichen Volksglauben ausgerottet, dass der Christus in der Welt erschienen ist, um die Erde dem Teufel, dem Luzifer, zu entreißen. Es gibt heute eine solche «aufgeklärte» Theologie. Die wahre Aufklärung führt uns aber zu dem einfachen Volksglauben zurück, denn dem Luzifer gehört von der Erde alles, was von dem Christus nicht befreit wird. Und alles Menschliche, meine lieben Freunde, was in uns mehr ist als das, was nur in unserem Ego beschlossen ist, das wird geadelt und für die ganze Menschheit fruchtbar gemacht, wenn es durchchristet ist.

Indem ich am Ende der Betrachtungen von diesen Tagen vor Ihnen stehe, meine lieben Freunde, möchte ich es nicht unterlassen, zu jeder einzelnen Seele auch diese Worte noch zu sprechen:

Zukunftshoffnung und Vertrauen in die Zukunft unserer Sache können in unseren Herzen sitzen, weil wir uns bemüht haben, von Anfang unserer Arbeit an mit dem Willen des Christus das zu durchdringen, was wir zu sagen haben. Und Hoffnung und Vertrauen gibt uns, dass gesagt werden darf: Unsere Lehre ist selbst das, was uns der Christus hat sagen wollen, sein Wort erfüllend: Ich bin bei euch alle Tage, bis ans Ende der Erdzeit (Matthäus 28,20). Wir haben nur auf das horchen wollen, was von ihm kommt.

Was er uns nach seinem Versprechen inspiriert, das wollen wir in unsere Seelen aufnehmen als unsere Geisteswissenschaft. Nicht, weil wir unsere Geisteswissenschaft von irgendetwas Christlich-Dogmatischem durchsetzt fühlen, betrachten wir sie als etwas Christliches, sondern weil wir sie als durchchristete Offenbarung, als eine Offenbarung des «Christus in uns» betrachten. Deshalb, meine lieben Freunde, bin ich überzeugt, dass das, was als echte, wahre Geisteswissenschaft aufgefasst wird in den Seelen, die mit uns zusammen unsere durchchristete Geisteswissenschaft aufnehmen, dass das fruchtbar wird für die ganze Menschheit, insbesondere für diejenigen, die diese Früchte empfangen wollen.

Vieles von dem, was in unserer geisteswissenschaftlichen Bewegung gut ist, was in ihr geistig gut ist, meine lieben Freunde, zeigt sich so, wenn man es hellsichtig betrachtet, dass es von denen herrührt, die mit uns unsere durchchristete Geisteswissenschaft aufgenommen haben und nach dem Tod die Früchte dieser durchchristeten Geisteswissenschaft wieder zu uns heruntersenden. Es lebt schon das in uns, was diejenigen aus der geistigen Welt zu uns herunterschicken, die die durchchristete Geisteswissenschaft aufgenommen haben. Denn sie behalten es nicht in ihrer karmischen Strömung zur eigenen Vervollkommnung, sie lassen es in diejenigen einströmen, die es aufnehmen wollen. Trost und Hoffnung für unsere Geisteswissenschaft erblüht uns daraus, dass wir wissen: Auch unsere Toten arbeiten mit.

Heute darf ich auch persönlich zu Ihren Seelen ein Wort sagen. Indem ich hier in Norrköping gesprochen habe, konnte ich nicht anders, als den guten Geist jenes Menschen immer fühlen, der innig verknüpft ist mit dem, was wir hier unseren Norrköpinger Zweig nennen. Wie ein guter Engel dieses Zweiges schaut der Geist von Frau Danielsons auf all das, was dieser Zweig unternehmen will. Es war im geschilderten Sinn auch ein christlicher Geist. Die Seelen, die ihn kennen, werden sich niemals getrennt von ihm fühlen. Möge dieser Geist als Schutzgeist über diesem Zweig weiter walten. Er wird es gerne wollen, er wird es gerne tun, wenn die Seelen, die in diesem Zweig arbeiten, ihn aufnehmen.

Mit diesen, aus tiefstem Herzen heraus gesprochenen Worten, meine lieben Freunde, schließe ich diese Vorträge und hoffe, dass wir in den eingeschlagenen Geistesbahnen miteinander weiter arbeiten werden.

Klartextnachschrift, öffentlicher Vortrag, Seite 1

713 Nachschrift 1

Theosophie und Christentum.

Oeffentlicher Vortrag von Dr. Rudolf Steiner,

Norrköping, am 13. Juli 1914.

Sehr verehrte Anwesende!

Vor allen Dingen bitte ich Sie um Entschuldigung, dass ich nicht in der Lage bin, in der Sprache des Landes am heutigen Abend zu Ihnen zu sprechen. Allein die Freunde, die Mitglieder unserer anthroposophischen Gesellschaft sind, in deren Mitte ich in diesen Tagen, in dieser Woche Vorlesungen über Geisteswissenschaft halten darf, waren der Meinung, dass ich auch öffentlich in deutscher Sprache in dieser Stadt über einen Gegenstand der Geisteswissenschaft sprechen könne. Auch das Thema, meine sehr verehrten Anwesend welches der Betrachtung dieses Abends zugrunde liegen soll, ist dem Wunsche unserer werten Mitglieder in dieser Stadt entsprungen. Ich soll sprechen über die Beziehungen der Geisteswissenschaft , oder wie man wohl auch in den letzten Jahrzehnten gewöhnt ist, die hier gemeinte Geisteswissenschaft zu nennen, über die Beziehung der Theosophie zum Christentum. Dabei wird es allerdings notwendig sein, dass ich einiges vorausschicke über das Wesen und über die Bedeutung desjenigen, was hier mit Geisteswissenschaft gemeint ist, über den Gesichtspunkt, von dem aus gesprochen werden soll.

Öffentlicher Vortrag

Geisteswissenschaft und Christentum

Von der Natur- zur Geisteswissenschaft

Norrköping, 13. Juli 1914

Sehr verehrte Anwesende!

Vor allen Dingen bitte ich Sie um Entschuldigung, dass ich nicht in der Lage bin, in der Sprache des Landes am heutigen Abend zu Ihnen zu sprechen. Die Freunde, die Mitglieder unserer Theosophischen Gesellschaft sind, in deren Mitte ich in diesen Tagen, in dieser Woche, Vorlesungen über Theosophie halten darf, waren der Meinung, dass ich auch öffentlich in dieser Stadt in deutscher Sprache über einen Gegenstand der Geisteswissenschaft sprechen kann.

Auch das Thema, meine sehr verehrten Anwesenden, das der Betrachtung dieses Abends zugrunde liegen soll, ist dem Wunsch unserer werten Mitglieder in dieser Stadt entsprungen. Ich soll sprechen über die Beziehung der Theosophie – wie man in den letzten Jahrzehnten gewohnt ist, die hier gemeinte Geisteswissenschaft zu nennen –, über die Beziehung der Theosophie zum Christentum. Dabei wird es notwendig sein, dass ich einiges über das Wesen und über die Bedeutung dessen vorausschicke, was mit Theosophie oder Geisteswissenschaft gemeint ist, über den Gesichtspunkt, von dem aus gesprochen werden soll.

Geisteswissenschaft, wie sie hier gemeint ist, strebt nicht die Begründung einer neuen Religion, einer neuen religiösen Sekte oder dergleichen an. Geisteswissenschaft will das sein, was unserer gegenwärtigen Kultur auferlegt ist in geistiger Beziehung, wenn wir auf einem Gebiet, auf dem es notwendig ist, Fortschritte machen sollen in der Kulturentwicklung der Menschheit, die in ähnlicher Weise auf einem anderen Gebiet gemacht worden sind vor drei, vier, fünf Jahrhunderten, als die neuere Naturwissenschaft in ihrer Morgenröte in das menschliche Kulturleben eingezogen ist.

Was für die Erkenntnis der äußeren Natur, was für das Leben durch die Erkenntnis der äußeren Naturgesetze die Naturwissenschaft der Menschheit geworden ist, das möchte Geisteswissenschaft durch die Erkenntnis der Gesetze unseres Seelen- und Geisteslebens werden – und durch die Anwendung dieser Gesetze des Seelen- und Geisteslebens im ethischen, im sozialen, im allerweitesten Kulturleben –, das möchte sie für unsere Gegenwart und für die nächste Zukunft werden.

Und so viel man auch diese Geisteswissenschaft notwendigerweise noch verkennen muss, ganz begreiflicherweise verkennen muss, so entnimmt sie das Vertrauen in ihre Wahrheit, auch das Vertrauen in ihre Wirksamkeit in der Menschheitskultur, aus der Betrachtung des Schicksals der Naturwissenschaft beim Aufgang des neueren Geisteslebens. Auch der Naturwissenschaftler stand jahrhunderte-, ja jahrtausendealten Vorurteilen gegenüber. Aber die Wahrheit hat Kräfte, die ihr immer gegen alle widerstrebenden Kräfte zum Sieg verhelfen – in der Art, wie es dem Menschenleben angemessen ist.

Und so sei denn, nachdem von diesem Vertrauen des Geisteswissenschaftlers in die Wahrheit und Wirksamkeit seiner Arbeit einige Worte gesprochen worden sind, sogleich auf das Wesen und auf die Art der Forschung eingegangen, die der hier gemeinten Geisteswissenschaft zugrunde liegt.

Die Vorstellungsart der Geisteswissenschaft ist ganz im Geist der naturwissenschaftlichen Vorstellungsart gehalten. Aber da sich diese Geisteswissenschaft auf ein ganz anderes Gebiet als die Naturwissenschaft erstreckt – nicht auf das Gebiet dessen, was sinnenfällig wahrgenommen werden kann, auf das Gebiet der äußeren Natur, sondern auf das Gebiet des Geistes –, so muss es einleuchtend sein, dass eine naturwissenschaftliche Denkweise gerade da, wo es sich darum handelt, das Gebiet des Geistigen zu erforschen, sich wesentlich modifizieren muss, zu etwas anderem werden muss als auf dem Gebiet der Naturwissenschaft.

Obgleich die Methode, die Forschungsweise der Geisteswissenschaft, ganz in dem Geist der Naturwissenschaft so gehalten ist, dass jeder naturwissenschaftlich Gebildete, der heute Naturwissenschaft ohne Vorurteile nimmt, sich auf den Boden dieser Geisteswissenschaft stellen kann, so muss auch gesagt werden, dass Vorurteil über Vorurteil gegen die Anwendung naturwissenschaftlicher Vorstellungsart auf das geistige Leben erwachsen kann, solange man die naturwissenschaftliche Methode in ihrer Einseitigkeit nimmt, wie es vielfach heute geschieht.

Denn das naturwissenschaftliche Denken, die naturwissenschaftliche Logik muss auf das angewendet werden, was dem Menschen am nächsten liegt, was aber auch am schwersten zu erforschen ist: Diese Denkungsweise muss auf das Wesen des Menschen selbst angewendet werden. In der Geisteswissenschaft muss der Mensch sich selbst untersuchen, und er muss zu dem einzigen Werkzeug greifen, das ihm zu seiner Untersuchung zur Verfügung steht, nämlich zu sich selbst.

Geisteswissenschaft geht davon aus, dass der Mensch, indem er zum Instrument wird, um die Geisteswelt zu untersuchen, in sich selbst eine Wandlung erfahren muss, dass er mit sich etwas vornehmen muss, was ihn in die Lage versetzt, in die geistige Welt hineinzusehen, was er im alltäglichen Leben nicht tut.

Lassen Sie mich von einem Vergleich ausgehen, meine sehr verehrten Anwesenden, von einem naturwissenschaftlichen Vergleich, der nichts beweisen will, der nur verdeutlichen soll, wie die geisteswissenschaftliche Vorstellungsart ganz auf dem Boden naturwissenschaftlicher Denkungsweise steht.

In der Natur tritt uns das Wasser entgegen. Wenn wir das Wasser sehen, wie es uns draußen entgegentritt, so stellt es sich in seiner Eigenschaft dar. Aber der Chemiker kommt mit seiner Methode und wendet sie auf das Wasser an. Er zerlegt das Wasser in Wasserstoff und Sauerstoff. Ja, was macht da der Naturwissenschaftler aus dem Wasser? Das Wasser brennt nicht, aber der Chemiker zieht den Wasserstoff aus dem Wasser heraus, und das ist ein Gas, das brennt. Niemand, der äußerlich das Wasser anschaut, kann dem Wasser ansehen, dass Wasserstoff und Sauerstoff darin sind, die ganz andere Eigenschaften haben als das Wasser.

Ebenso wenig, das zeigt die Geisteswissenschaft, kann der Mensch erkennen, wenn er dem Menschen im Leben gegenübersteht, was dieser Mensch in seinem Inneren ist. Und so wie der Chemiker, der Naturwissenschaftler, kommt und uns das Wasser in Wasserstoff und Sauerstoff zerlegt, so kommt jetzt der Geisteswissenschaftler und muss das, was sich im äußeren Leben darbietet, durch einen innerlichen Seelenprozess zerlegen, der sich in den tiefsten Tiefen der Seele vollziehen muss. Der Geistesforscher kann durch die geistesforscherische Methode den Menschen in das Äußerlich-Leibliche und in das Geistig-Seelische zerlegen. Vom Gesichtspunkt der Geisteswissenschaft interessiert es, abgesondert vom Leiblichen das Geistig-Seelische zu untersuchen. Niemand kann aus dem Äußerlich-Leiblichen die wahre Wirklichkeit des Geistig-Seelischen erkennen, ebenso wenig wie die Natur des Wasserstoffs erkannt werden kann, wenn er nicht aus dem Wasser herausgezogen wird.

Es ist heute sehr oft der Fall, dass in dem Augenblick, wo man beginnt, in dieser Art zu sprechen, einem gesagt wird: Das verstößt gegen den Monismus, an dem man unbedingt festhalten muss! Aber der Monismus kann auch den Chemiker nicht daran hindern, dass er das Wasser in eine Zweiheit zerlegt. Der Monismus wird auch nicht angefochten dadurch, dass geschieht, was geschehen kann: dass durch Geistesforschung, durch die geistesforscherische Methode, das Geistig-Seelische von dem Leiblich-Körperhaften abgetrennt wird.

Diese Methode ist aber nicht eine solche, die man im Labor, im physikalischen Kabinett, in der Klinik vollziehen kann, sondern es sind Vorgänge, die in der Seele selbst vollzogen werden müssen. Es sind aber keine Vorgänge der Seele, die Wunder darstellen, sondern es ist nur eine Steigerung dessen, was der Mensch im gewöhnlichen Leben beobachten kann. Es sind nicht wunderliche Eigenschaften, sondern solche Eigenschaften, die der Mensch im alltäglichen Leben in einem gewissen Maße hat, die er nur ins Unbegrenzte steigern muss, wenn er zum Geistesforscher werden soll.

Und da ich nicht in allgemeinen Redensarten herumreden will, so will ich gleich an die Betrachtung der Sache selbst herantreten.

Meine sehr verehrten Anwesenden! Jeder kennt das, was man im menschlichen Seelenleben das Erinnerungsvermögen, das Gedächtnis nennt. Jeder weiß, wie viel von dem Gedächtnis abhängt. Stellen wir uns vor, wir würden eines Morgens aufwachen und keine Ahnung haben, was früher um uns und in uns war. Wir würden dadurch die ganze menschliche Wesenheit verlieren. Unser Gedächtnis, das von einem frühen Zeitpunkt in der Kindheit an zusammenhängt, das gehört notwendig zu unserem menschlichen Leben.

Die Philosophen der Gegenwart werden schon gegenüber der Untersuchung der Gedächtniskraft stutzig. Sie haben jetzt schon Persönlichkeiten in ihrer Mitte, die gerade, indem sie das Gedächtnis betrachten, von einer materialistisch-monistischen Weltanschauung abkommen. Das ist, weil sie durch eine genaue Untersuchung finden, dass man das Gedächtnis nicht als an den Leib gebunden anerkennen kann – auch wenn man die Sinnesempfindung in äußerlicher Weise an den Leib gebunden findet, soweit man das von einer Seelentätigkeit tun kann. Ich brauche nur darauf aufmerksam zu machen, dass ein Mann, der wahrhaftig keine Neigung hat, in die Geisteswissenschaft einzudringen, der französische Philosoph Henri Bergson, auf diese geistige Art des Gedächtnisses hingedeutet hat.

Wie tritt uns im Leben das Gedächtnis, die Erinnerungskraft entgegen? Längst vergangene Ereignisse kommen in

Bildern in unsere Seele herein. Ein Erlebnis ist längst vergangen, die Seele hat nur mit sich selbst zu tun. Sie hat damit zu tun, dass sie das Erlebnis aus den Tiefen des inneren Lebens heraufzaubert. Und man kann vergleichen das, was aus den Seelentiefen heraufkommt: Blass sind die Erinnerungen gegenüber den Bildern, die uns die Wahrnehmung der Sinne bietet, aber sie hängen mit der Integrität des Seelenlebens zusammen. Wir könnten uns nicht in der Welt zurechtfinden, wenn wir nicht das Gedächtnis hätten.

Dem Gedächtnis aber liegt die Gedächtniskraft zugrunde. Durch die Kraft des Gedächtnisses kann die Seele das heraufholen, was in ihren Erinnerungen verborgen ist. Aber gerade da setzt Geisteswissenschaft an.

Liegt dem Gedächtnis – ich bitte dieses ins Auge zu fassen, was ich sagen will –, liegt dem Gedächtnis eine Kraft zugrunde, die einen geistigen Inhalt aus den Tiefen der Seele heraufholt, so kann diese Kraft verstärkt werden, ins Unbegrenzte verstärkt werden, sodass sie im Leben der Seele nicht bloß verwendet wird, um durchgemachte Erlebnisse aus der Seele heraufzuholen, sondern zu etwas ganz anderem verwendet werden kann.

Nicht äußere Methoden, die im Labor verfolgt werden können, nicht etwas, was man durch die äußeren Sinne wahrnehmen kann, liegt der geistesforscherischen Methode zugrunde, sondern intensive Seelenvorgänge, die jeder durchmachen kann. Was den Wert dieser intensiven

Seelenvorgänge ausmacht, das ist die unbegrenzte Steigerung der Aufmerksamkeit im Menschenleben, was man auch die Konzentration des Gedankenlebens nennen kann. Was ist die Konzentration des Gedankenlebens?

Ich kann heute in einer kurzen einstündigen Betrachtung nur die Prinzipien dessen anführen, um was es sich handelt. Das Nähere können Sie nachlesen in meinen Büchern *Wie erlangt man Erkenntnisse der höheren Welten?* und in meiner *Geheimwissenschaft* im zweiten Teil. Diese Bücher sind auch übersetzt. Dem Prinzip nach will ich das erste Vorhaben der Seele auseinandersetzen, das eine unbegrenzte Steigerung dessen ist, was für das menschliche Leben notwendig ist: eine Steigerung der Aufmerksamkeit. Die Aufmerksamkeit muss in unbegrenzter Weise gesteigert werden, damit die Seele in die Geistesforschung eintreten kann.

Was macht der Mensch, wenn er der Außenwelt gegenübertritt? Er nimmt die Dinge wahr und verarbeitet sie durch den Verstand, der an das Gehirn gebunden ist. Er macht sich Vorstellungen über das Wahrgenommene und er ist zufrieden, wenn er die äußeren Vorstellungen in der Seele bewahrt. Da, wo das Alltagsleben aufhört, da beginnt die Methode der Geisteswissenschaft, da beginnt das, was man Konzentration des Denkens nennen kann.

Wer ein Geistesforscher werden will, der muss den Faden des Seelenlebens da aufnehmen, wo er gewöhnlich im äußeren Leben verlassen wird. Vorstellungen, die wir uns selbst bilden, die wir genau überschauen können, am besten sinnbildliche Vorstellungen, bei denen wir nicht nötig haben, die Übereinstimmung mit der Außenwelt zu prüfen, sie stellen wir in den Horizont unseres Bewusstseins.

Vorstellungen, die wir entweder aus der Praxis der Geisteswissenschaft hervorgegangen finden, oder zu denen uns der Geistesforscher raten kann, sie stellen wir in den Mittelpunkt des ganzen Bewusstseins, sodass wir durch längere Zeit die Aufmerksamkeit der Seele von allem Äußeren ablenken und uns nur auf eine Vorstellung konzentrieren. Während man sonst nicht bei einer Vorstellung stehen bleibt, zieht man jetzt alle Kräfte seiner Seele zusammen, konzentriert sie auf eine Vorstellung und bleibt in seinem Inneren ganz an diese Vorstellung hingegeben.

Wenn man den Menschen bei einem solchen Vorhaben betrachtet, so vollzieht er etwas, was dem Schlaf ähnlich ist. Soll eine solche Konzentration fruchtbar werden, so muss der Mensch wie ein Schlafender werden. Wenn wir einschlafen, da fühlen wir zuerst, wie die Willenskräfte in unseren Gliedern ruhig werden, wie eine gewisse Dämmerung in uns auftritt, wie die Sinne ableben – dann gehen wir über in Bewusstlosigkeit. Alles Äußere muss in der Konzentration so werden wie beim Schlaf. Die Sinne müssen vollständig frei werden von allen Eindrücken der Außenwelt. Das Auge darf so wenig sehen wie im Schlaf, das Ohr so wenig hören wie im Schlaf, und so weiter.

Dann wird das ganze Seelenleben zusammengenommen und auf eine Vorstellung konzentriert. Das ist der radikale Unterschied zum Schlaf. Man könnte diesen Zustand ein bewusstes Schlafen nennen, ein vollbewusstes Schlafen. Während im Schlaf die Finsternis der Unbewusstheit sich im Seelenleben ausdehnt, lebt derjenige, der ein Geistesforscher werden will, in einem erhöhten Seelenleben. Er strengt alle Kräfte des Seelenlebens an und richtet sie auf eine Vorstellung. Nicht darauf kommt es an, dass wir diese Vorstellung betrachten; sie gibt uns nur eine Gelegenheit, unsere Seelenkräfte zusammenzuraffen, zusammenzudrängen. Auf dieses Zusammendrängen der Seelenkräfte kommt es an.

Denn dadurch gelangen wir allmählich dazu, das Geistig-Seelische, das in uns ist wie der Wasserstoff im Wasser, aus dem Physisch-Leiblichen herauszureißen, es vom Physisch-Leiblichen frei zu machen. Nicht in einem Ansturm ist das zu erreichen, was ich jetzt charakterisiert habe. Die meisten Menschen brauchen ein jahrelanges Arbeiten in solcher Konzentration, die nicht vom Tagesleben ablenkt. Man kann sie nur durch wenige Minuten, höchstens durch Teile einer Stunde festhalten, aber man muss sie immer wiederholen, bis es gelingt, die Kräfte, die sonst in der menschlichen Natur nur schlummern, die im Alltagsleben da sind, die aber schlummern, diese Kräfte so zu verstärken, dass sie in unserer Seele wirksam werden und das Geistig-Seelische aus dem Physisch-Leiblichen herausreißen.

Und da ich nicht in abstrakter Art herumreden möchte, sondern Ihnen Tatsachen mitteilen möchte, so sei es gleich gesagt, dass, wenn es dem Geistesforscher gelingt, durch Energie und Ausdauer, durch Hingabe an seine Übungen, zur Frucht seiner Übungen zu kommen, dass er zu einem Erlebnis gelangt, das ein Erlebnis des rein inneren Bewusstseins genannt werden kann. Man weiß, von einem bestimmten Zeitpunkt an, mit einem Wort einen Sinn zu verbinden, das vorher sinnlos war, mit dem Wort: Ich weiß mich außerhalb meines Leibes; ich bin, mein Inneres erfassend, mein Inneres erlebend, außerhalb meines Leibes.

Ich will Ihnen von diesem Erlebnis im Einzelnen erzählen. Zunächst spürt man, dass die Denkkraft, die sonst nur in den Verrichtungen des Alltags sich regt, sich vom Leib loslöst. Dumpf ist zunächst dieses Erlebnis, aber es tritt so auf, dass man dessen Natur erkennt, wenn man es gehabt hat. Man weiß erst dann, wenn man in seinen Leib wieder zurückkehrt, wie es ist, wenn man in das Gehirnleben untertaucht, das die physische Materie darbietet: dass es einen Widerstand bietet, dieses Gehirn. Man weiß: Mit dem Alltagsdenken denkt man so, dass das Gehirn das Instrument ist. Jetzt war man aber draußen.

Dann kommt man allmählich dazu, einen Sinn mit dem Wort zu verbinden: Du erlebst dich im Seelisch-Geistigen. Man erlebt, wie das eigene Haupt von seinen Gedanken umkleidet ist. Man weiß, was es heißt, das Seelisch-Geistige abgetrennt vom äußeren, physisch-leiblichen Leben zu haben. Zuerst lernt man den Widerstand kennen, den das leibliche Leben bietet, dann lernt man das selbstständige Leben außerhalb des Leibes erkennen. Es ist so, wie wenn der Wasserstoff sich außerhalb des Wassers wahrnehmen würde. So ist es mit dem Menschen, wenn er solche Übungen macht.

Und dann, meine sehr verehrten Anwesenden, wenn der Mensch solche Übungen getreulich fortsetzt, dann tritt der große, der bedeutungsvolle Augenblick ein, an dem man den Ausgangspunkt der eigentlichen Geistesforschung hat. Es ist ein Augenblick, der tief erschütternd ist, der ungeheuer bedeutungsvoll ins ganze Leben eingreift. Dieser Augenblick, meine sehr verehrten Anwesenden, er kann sich in der verschiedensten Art einstellen, er kann tausendfach verschieden sein. Ich will ihn aber typisch charakterisieren, wie er meistens ist.

Hat man eine gewisse Zeit hindurch geübt, hat man mit der naturwissenschaftlichen Denkweise die eigene Seele so behandelt, dann kommt der Moment, der im alltäglichen Leben, aber auch mitten im Schlaf eintreten kann, sodass man aus dem Schlaf aufwacht, und weiß: Man träumt nicht, man erlebt eine neue Wirklichkeit. Man kann das so erleben, dass man sich sagt: Was ist um mich? Es ist, wie wenn ich mich in einer Umgebung befinde, die sich von mir loslöst, wie wenn die Elemente blitzartig einschlagen und mein Leib durch die Elemente zerstört wird – und ich mich in diesem Erlebnis aufrechterhalte.

Man lernt das erkennen, was alle Geistesforscher durch alle Zeiten hindurch mit einem bildlichen Ausdruck genannt haben: das Gelangen an die Pforte des Todes. Denn das erlebt man, dass man jetzt weiß – durch das Bild, nicht durch die Wirklichkeit, diese erlebt man nur im Tod, man erlebt es durch das Bild –, dass man jetzt weiß, dass der Mensch ein geistig-seelisches Wesen ist, wenn er nicht durch das Instrument seines Leibes sich und die Welt wahrnimmt, sondern wenn er nur im Geistig-Seelischen lebt.

Das ist das Erschütternde, dass man weiß: Du hast dich mit deiner Denkkraft von deinem Leib losgelöst. Und ebenso können andere Kräfte vom Leib losgelöst werden, sodass der Mensch immer reicher, immer innerlicher in Bezug auf sein Seelenleben wird.

Es genügt aber die eine Übung nicht, welche ich mit dem Ausdruck Konzentration oder unbegrenzte Steigerung der Aufmerksamkeit bezeichnet habe. Durch die Übung der Konzentration erlangt man das Folgende: Wenn man an dem Punkt angelangt ist, wo die Seele sich selbst erlebt, dann steigen auch die Bilder auf, die man «Imaginationen» nennen kann. Bilder steigen auf, aber Bilder, die sich gewaltig unterscheiden von den Bildern des gewöhnlichen Gedächtnisses. Während das gewöhnliche Gedächtnis nur das in Bildern hat, was äußerlich erlebt worden ist, steigen jetzt Bilder aus grauen Seelentiefen auf, die nichts mit dem gemein haben, was man in der äußeren Sinneswelt erleben kann.

Alle Einwände, dass man sich leicht täuschen kann, dass das, was da aus grauen Seelentiefen heraufsteigt, nur Reminiszenzen des Gedächtnisses sein können, alle diese Einwände sind hinfällig. Denn der Geistesforscher lernt unterscheiden zwischen dem, was das Gedächtnis heraufrufen kann, und dem, was radikal verschieden ist von all dem, was im Gedächtnis entstehen kann.

Eines muss aber bedacht werden, wenn von diesem Punkt des Eintretens in die geistige Welt gesprochen wird. Es ist das, dass zur Geistesforschung solche Personen sich wenig eignen, die an Halluzinationen, an Visionen oder ähnlichen krankhaften Seelengebilden und Seelenzuständen leiden. Je weniger der Mensch zu dem neigt, was nur eine Reminiszenz des Tageslebens ist, desto sicherer kommt er vorwärts auf dem Gebiet der Geistesforschung.

Darin besteht ein großer Teil der Vorbereitung zur Geistesforschung, dass man lernt, all das, was nur unbewusst aus der Menschenseele sich in solch krankhafter Art aufdrängen kann, dass man lernt, das von dem genau zu unterscheiden, was als ein neues Element, als eine geistige Wirklichkeit durch die geisteswissenschaftliche Ausbildung der Seele eintritt.

Ich möchte gerade einen radikalen Unterschied angeben zwischen dem Visionären, dem Halluzinatorischen, und dem, was der Geistesforscher schaut.

Warum ist es so, dass viele Menschen glauben, schon in der geistigen Welt drinzustehen, wenn sie nur Halluzinationen und Visionen haben? Ja, meine sehr verehrten Anwesenden, die Menschen lernen so ungern etwas Neues kennen. Sie halten gerne an dem Alten fest, in dem sie schon drinstehen. In Halluzinationen und Visionen treten uns krankhafte Seelengebilde so entgegen, wie uns die äußere sinnliche Wirklichkeit entgegentritt. Sie sind da, sie stellen sich vor uns hin. Wir tun nichts dazu, wenn sie sich vor uns hinstellen.

In dieser Lage ist der Geistesforscher nicht gegenüber seinem neuen geistigen Element. Ich habe davon gesprochen, dass der Geistesforscher alle Kräfte seiner Seele, die im gewöhnlichen Leben schlummern, konzentrieren, hinaufarbeiten muss. Das erfordert aber, dass er eine seelische Energie, eine seelische Stärke anwendet, die im äußeren Leben nicht da ist. Diese Stärke muss er immer festhalten, wenn er in die geistige Welt eintritt. Das Charakteristische der Halluzinationen, der Visionen ist aber: Der Mensch bleibt passiv, er braucht sich nicht anzustrengen.

In dem Augenblick, wo wir der geistigen Welt gegenüber auch nur einen Moment passiv werden, verschwindet sogleich alles. Wir müssen unausgesetzt tätig, aktiv dabei sein. Daher können wir uns auch nicht täuschen, denn nichts kann aus der geistigen Welt so vor unsere Augen treten, wie eine Vision oder Halluzination vor unsere Augen tritt. Wir müssen überall mit unserer Tätigkeit dabei sein, bei jedem Atom dessen, was uns aus der geistigen Welt entgegentritt. Wir müssen wissen, wie es sich damit verhält. Diese Aktivität, dieses fortlaufende Tätigsein, ist notwendig für die Geistesforschung. Dann aber tritt man in eine Welt ein, die sich radikal unterscheidet von der physisch-sinnlichen Welt. Man tritt in eine Welt ein, wo geistige Wesen, geistige Tatsachen um uns sind.

Aber ein Zweites ist dazu notwendig. Dass man die Seele vom Leib losreißt, das geschieht in der geschilderten Weise. Das Zweite aber kann wieder durch einen naturwissenschaftlichen Vergleich klargemacht werden.

Wenn wir den Wasserstoff abtrennen, so ist er zunächst für sich allein. Aber, wenn er Verbindungen mit anderen Stoffen eingeht, wird er zu etwas ganz anderem. Dasselbe muss sich mit unserem Geistig-Seelischen nach der Abtrennung vom Leib vollziehen. Dieses Geistig-Seelische muss sich mit Wesen verbinden, die nicht in der Sinneswelt sind. Es muss mit ihnen eins werden, dadurch nimmt es sie wahr:

- Die erste Stufe der Geistesforschung ist das Abtrennen des Seelisch-Geistigen vom Physisch-Leiblichen;
- die zweite Stufe ist das Eingehen von Verbindungen mit Wesen, die hinter der Sinneswelt sind.

Das Letztere ist etwas, was einem in der Gegenwart nicht verziehen wird, weit weniger verziehen wird als das Reden von «Geist» im Allgemeinen. Es gibt heute viele Menschen, die wissen, dass es sie drängt, ein Geistiges anzunehmen. Sie sprechen aber nur von einem Geist, der hinter der Welt ist, und sie sind froh beseelt, wenn sie Pantheisten sein können.

Aber für den Geistesforscher ist der Pantheismus gerade dasselbe, wie wenn man jemand in die Natur führt und ihm sagt: Schau, all das, was dich hier umgibt, ist Natur! Man sagt ihm nicht: Das sind Bäume, das sind Wolken, das ist eine Lilie, das ist eine Rose, sondern: Das ist alles Natur! Wenn man den Menschen von einem Vorgang zum anderen führt, von einem Wesen zum anderen, und ihm nur sagt: Das ist alles Natur!, ist damit nichts gesagt. Im Einzelnen, im Konkreten muss auf die Tatsachen eingegangen werden.

Es wird einem heute verziehen, wenn man von einem Geist spricht, der in allem drinnen ist. Der Geistesforscher kann sich aber damit nicht zufrieden geben. Er tritt in eine Welt ein, die aus geistigen Wesen, aus geistigen Tatsachen besteht, die so differenziert sind, wie die äußere Welt konkret differenziert ist, indem sie aus Wolken, Bergen, Tälern, aus Bäumen, Blumen und so weiter besteht. Dass man aber davon spricht, dass nicht nur die natürlichen Dinge differenziert sind in ein Pflanzen-, Tier- und Menschenreich, sondern dass, wenn der Mensch in eine geistige Welt eintritt, man auch dort mit konkreten Einzelwesen und Tatsachen zu tun hat, das wird einem heute nicht verziehen.

Aber der Geistesforscher kann nicht anders als darauf aufmerksam zu machen, dass, wenn er in die geistige Welt eintritt, er in eine Welt wirklicher, konkreter geistiger Wesen und geistiger Vorgänge eintritt.

Das Zweite, meine sehr verehrten Anwesenden, was notwendig ist, ist eine Steigerung der Hingabe, jener Hingabe, die der Mensch im gewöhnlichen Leben oder in der religiösen Frömmigkeit erlebt. Aber wieder ins Unendliche gesteigert, muss das entwickelt werden, sodass der Mensch dazu kommt, im Strom des Weltgeschehens wie im Schlaf hingebungsvoll zu ruhen. Im Schlaf vergisst der Mensch jede Regung des eigenen Leibes: So muss er jede Regung des eigenen Leibes in der Kontemplation oder Meditation vergessen.

Es ist dies eine zweite Übung, die mit der ersten Übung abwechseln muss. Der Übende vergisst seinen Leib vollständig, nicht nur in denkerischer Beziehung, sondern so, dass er auch alle Gemüts- und Willensregungen absondert, so wie er sich im Schlaf von jeder Regsamkeit des Leibes absondert. Aber bewusst muss dieser Zustand herbeigeführt werden.

Indem der Mensch zu der ersten Übung die Hingabe hinzufügt, gelangt er dazu, durch die erwachenden geistigen Sinne sich so in eine geistige Welt hineinzuleben, wie er sich durch die äußeren Sinne in die Welt der Sinnlichkeit hineinlebt, die ihn umgibt. Eine neue Welt tritt dann vor dem Menschen auf, die Welt, in der der Mensch mit seinem Geistig-Seelischen immer ist.

Dann aber wird für den Menschen etwas zur Tatsache. Es wird zur Tatsache für die Innenbeobachtung, was heute noch zurückgewiesen wird von den Vorurteilen unserer Zeit, was aber ebenso ein Ergebnis streng wissenschaftlicher Forschung ist, wie die Evolutionslehre der neueren Zeit es ist.

Der Mensch lernt seinen seelisch-geistigen Kern kennen. Er lernt ihn so kennen, dass er weiß: Bevor ich vor der Empfängnis und der Geburt in dieses Leben eingetreten bin, das mich mit dem Leib bekleidet hat, war ich geistig-seelisch in einem geistigen Leib. Und wenn ich durch die Pforte des Todes schreite, dann wird mein Leib abfallen, aber das, was ich jetzt kennengelernt habe als geistig-seelischen Kern und was außerhalb des Leibes leben kann, das wird durch die Pforte des Todes schreiten. Das gehört, nachdem es durch die Pforte des Todes geschritten ist, einer geistigen Welt an, das geht in eine geistige Welt ein.

Mit anderen Worten, man lernt schon in diesem Leben zwischen Geburt und Tod die unsterbliche Seele kennen. Man lernt das kennen, wovon man weiß, dass es nicht auf den Leib angewiesen ist. Man lernt die Welt kennen, in welche die Menschenseele nach dem Tod eintritt. Aber man lernt den geistig-seelischen Wesenskern des Menschen in einer solchen Weise erkennen, wie es sich wissenschaftlich-anschaulich beschreiben lässt.

Wenn wir die Pflanze betrachten, wie der Keim sich entwickelt, wie die Blätter und Blüten entstehen, wie die

Frucht sich bildet, aus der dann wieder ein Keim hervorgeht, dann werden wir gewahr, dass das Leben der Pflanze sich in den Keim zuspitzt. Wir sehen das Abfallen von Blättern und Blüten, wir sehen, dass der Keim bleibt, der in sich eine neue Pflanze trägt. Wir werden gewahr: In der Pflanze, die wir vor uns haben, lebt der Keim, der Kern zu einer neuen Pflanze.

So lernen wir erkennen, indem wir das Leben zwischen Geburt und Tod betrachten, dass sich im Geistig-Seelischen das entwickelt, was durch die Pforte des Todes geht, was aber der Keim, der Kern eines neuen Lebens ist. So gewiss wie der Pflanzenkeim die Anlage hat, eine neue Pflanze zu werden, so gewiss hat das, was sich in dem Alltagsleben als Seelisch-Geistiges verbirgt, die Anlage zu einem neuen Menschen.

Durch eine solche Betrachtung gelangt man in voller Übereinstimmung mit der naturwissenschaftlichen Vorstellungsart zu den wiederholten Erdleben. Man weiß, dass das gesamte Menschenleben besteht aus dem Leben zwischen Geburt und Tod und aus dem Leben, das zwischen dem Tod und einer neuen Geburt verläuft, aus dem dann der Mensch wieder in ein neues Erdleben eintritt.

Das Einzige, was gegen das eben Gesagte eingewendet werden kann, das ist, dass der Pflanzenkeim auch zugrunde gehen kann, wenn die Bedingungen nicht da sind, die ihn zu einer neuen Pflanze aufrufen. Dieser Einwand erledigt sich für die Geisteswissenschaft dadurch, dass der Pflanzenkeim zugrunde gehen kann, weil er auf die äußere Welt angewiesen ist, dass es aber in der geistigen Welt, in der der menschliche Seelenwesenskern zu einem neuen Erdleben heranreift, kein Hindernis dafür gibt, dass das, was als Seelenkern im Erdleben reift, in einem anderen Erdleben wieder zum Vorschein kommt.

Ich kann nur flüchtig, in kurzen Worten, andeuten, wie der Geistesforscher, an der naturwissenschaftlichen Forschungsart festhaltend, zu der Anschauung der wiederholten Erdleben kommt.

Man hat die Geisteswissenschaft des Buddhismus angeklagt, weil sie von wiederholten Erdleben spricht.

Die Geisteswissenschaft holt das, was sie zu sagen hat, nicht aus dem Buddhismus, sondern sie steht voll und ganz auf dem Boden der neueren Naturwissenschaft, aber sie dehnt diese neuere Naturwissenschaft auf das geistige Leben aus. Und sie kann nichts dafür, dass sie, ohne auf den Buddhismus Rücksicht zu nehmen, zu der Anschauung von den wiederholten Erdleben kommt. Sie kann nichts dafür, dass der Buddhismus in uralten Zeiten aus alten Traditionen heraus von den wiederholten Erdleben gesprochen hat.

In diesem Zusammenhang möchte ich darauf aufmerksam machen, dass Lessing aus seinem reifen und erfahrungsreichen Leben heraus dazu gekommen ist, von den wiederholten Erdleben zu sprechen. Nach einem arbeitsreichen Leben hat Lessing seine Abhandlung geschrieben *Über die Erziehung des Menschengeschlechts* (1870). Da vertritt er die Lehre von den wiederholten Erdleben.

Er sagt ungefähr das Folgende: Sollte denn diese Lehre deshalb zu verwerfen sein, weil sie in den ersten Morgenstunden der Menschheit aufgetreten ist, als noch keine Vorurteile der Schule sie getrübt haben? So wenig Lessing sich durch die Tatsache beirren ließ, dass die Lehre von den wiederholten Erdleben in der Morgenröte der Menschheit aufgetreten und später durch die Vorurteile der Schule in den Hintergrund gedrängt worden ist, so wenig braucht die Geisteswissenschaft vor dieser Lehre zurückzuschrecken, nur weil sie auch im Buddhismus vorkommt. Es ist unbegründet, die Geisteswissenschaft deshalb des Buddhismus zu zeihen. Sie bekennt sich zu der Lehre von den wiederholten Erdleben aus ihren eigenen Quellen heraus.

Der Mensch wird durch die Geisteswissenschaft darauf hingewiesen, dass er mit dem gesamten Erdleben in Zusammenhang steht. Denn die Seelen, die in uns leben, sie waren schon oft da, und sie werden noch oft da sein. Wir blicken zurück auf uralte Kulturepochen, auf Zeiten, wo die Augen der Menschen zu den Pyramiden hinaufgeblickt haben, und wissen: Unsere Seelen haben schon damals gelebt, und sie werden wieder erscheinen in der Zukunft. Sie nehmen teil an allen Menschheitsepochen.

Es ist zu verstehen, wenn heute die Vorurteile der Menschen sich gegen eine solche Lehre wenden. Es gibt Menschen, die sich alles so zurechtlegen, wie sie es gerne haben möchten. Dass Lessing ein großer Mensch war, ist bekannt. Dass er sich auf der Höhe seines Lebens zu der Lehre von den wiederholten Erdleben bekannt hat, das ist manchen Menschen unbequem, und deshalb sagen sie: Nun ja, Lessing ist im Alter schwachsinnig geworden! Das ist den Menschen bequemer zu denken, als zu denken: Der Mensch steht in Verbindung mit der gesamten Erdkultur.

Meine sehr verehrten Anwesenden! In welchem Sinn will die Geisteswissenschaft das, was soeben auseinandergesetzt worden ist, vor die ganze Menschheitskultur hintragen? In keinem anderen Sinn als die neuere Naturwissenschaft ihre Erkenntnisse vor die Menschheit bringt. Aber indem diese Geisteswissenschaft gegenwärtig vor die Menschheitskultur hintritt, ist sie denselben Vorurteilen ausgesetzt, denen das ausgesetzt war, was die neuere naturwissenschaftliche Denkungsweise gebracht hat.

Erinnern wir uns nur an Kopernikus, an Galilei, an Giordano Bruno. Wie war es damals, als Kopernikus mit der Ansicht auftrat, dass die Erde nicht still steht, sondern dass sie sich um die Sonne dreht und dass die Sonne gegenüber der Erde still steht! Was hat man damals geglaubt? Man hat geglaubt, dass die Religion auf dem Spiel steht, dass durch solche Fortschritte des Wissens die religiöse Frömmigkeit der Menschen gefährdet ist. Gewisse kirchliche Bekenntnisse haben bis zum 19. Jahrhundert gebraucht, um die Lehre des Kopernikus vom Index abzusetzen und im Schoß ihrer Weltanschauung anzuerkennen.

Geistiger Fortschritt hat zu jeder Zeit gegen alte Vorurteile zu kämpfen gehabt. Nicht anders, als damals das neue naturwissenschaftliche Wissen in die Menschheitskultur eingetreten ist, will das neue Geisteswissen in die Menschheitskultur eintreten. Dass man über den Geist etwas wissen kann, und dass die Menschheit dazu reif ist, dieses Wissen sich anzueignen, das will Geisteswissenschaft so betonen, wie von Kopernikus, Galilei und Giordano Bruno betont worden ist, dass ein neues Wissen in Bezug auf die Natur notwendig geworden war, für das die Menschheit reif war. Und wie man damals selbst den christlichen Domherrn Nikolaus Kopernikus angeklagt hat, kein Christ zu sein, so hat man es auch leicht, die neuere Geisteswissenschaft anzuklagen, dass sie unchristlich sei.

Ich muss bei einer solchen Anklage immer wieder eines Priesters gedenken, der, als er sein Universitätsrektorat angetreten hat, einen Vortrag über Galilei[1] gehalten hat, in dem er sagt: Es waren religiöse Vorurteile damals unter den Menschen, als sie Kopernikus entgegengetreten sind. Derjenige aber, der wahrhaft Religiosität in sich hat, der weiß, dass

---

1 *Die Bedeutung Galileis für die Philosophie,* Inaugurationsrede gehalten am 8. November 1894 ... von Dr. Laurenz Müllner.

die Herrlichkeit und das Licht der Gottheit nicht vermindert wird dadurch, dass man in die Geheimnisse des Weltalls wissend eindringt; er weiß, dass die Größe der Gottesanschauung der Menschen nur zugenommen hat dadurch, dass der Mensch sein Wissen über den Sinnenschein hinaus zu einem Berechnen der Sternenbahnen und der Eigentümlichkeiten der Gestirne ausdehnte.

Dass Religion nur gewinnen kann, wenn sie sich wissenschaftlich vertieft, das kann das religiöse Gemüt einsehen. Geisteswissenschaft will nicht etwas sein, was mit einer neuen Religionsstiftung zu tun hat. Sie will keine neue Sekte stiften, sie will keine Propheten und keine Religionsstifter hervorbringen. Die Zeit der Religionsstiftungen, die Zeit der Propheten ist vorbei. Die Menschheit ist reif geworden. Menschen, die in der Zukunft mit Prophetennatur werden auftreten wollen, sie werden ein anderes Schicksal als die alten Propheten haben. Die alten Propheten sind mit Recht nach der Eigenart ihrer Zeit als hervorragende Menschen verehrt worden. Propheten der Gegenwart, die in dem alten Sinn Propheten sein wollen, werden ihr Schicksal anders erfahren: Sie werden ausgelacht werden!

Geisteswissenschaft braucht keine Propheten, denn Geisteswissenschaft steht ihrer ganzen Natur nach auf dem Boden, dass das, was sie zu sagen hat, Eigentum der Tiefen jeder Menschenseele ist, jener Tiefen, in die die Menschenseele hinunterleuchten kann. Was der Geistesforscher findet, das will er als schlichter Forscher mitteilen. Er will auf das aufmerksam machen, was heute notwendig ist. Der Geistesforscher sagt: Ich habe es gefunden; wenn du suchst, findest du es auch!

Immer mehr werden sich die Zeiten nähern, wo der Geistesforscher als schlichter Forscher anerkannt wird, so wie der Chemiker und der Biologe als Forscher auf ihrem Gebiet anerkannt werden. Nur dass der Geistesforscher auf dem Gebiet forscht, das jeder Menschenseele naheliegt.

Ich kann heute nur skizzieren, was bei der Forschung auf diesem Gebiet herauskommt. Aber wenn Sie darauf eingehen, so werden Sie sehen, dass das die Erforschung der für die Menschenseele wichtigsten Fragen ist: der Menschheitsfrage und der Schicksalsfrage. Das sind die beiden Fragen, die alle Menschen stündlich, täglich tief bewegen, die Fragen, die die Menschenseele zur Arbeit stark machen.

Und weil die Gegenstände der Geistesforschung mit den Tiefen der Menschenseele zu tun haben, daher ist es ihr eigen, dass sie die Menschen ergreift, dass sie sich mit dem tiefsten Inneren des Menschen verbindet, und dass sie dadurch sein religiöses Empfinden vertieft, dass sie den Menschen religiöser macht in seinem Empfinden, als er es sonst wäre.

Geisteswissenschaft will nicht das Christentum ersetzen, aber ein Instrument zum Begreifen des Christentums will sie sein. Gerade durch die Geisteswissenschaft wird uns klar, meine sehr verehrten Anwesenden, dass das Wesen, das wir «Christus» nennen, in den Mittelpunkt allen Erddaseins zu stellen ist, dass das, was wir das christliche Bekenntnis nennen, die letzte der Religionen, die für die Erdzukunft ewige Religion ist. Gerade das zeigt uns die Geisteswissenschaft, dass die vorchristlichen Religionen, die aus einer Einseitigkeit herausgewachsen sind, in die Religion des Christentums zusammengewachsen sind. Geisteswissenschaft will nicht etwas anderes an die Stelle des Christentums setzen, sondern sie will nur dazu verhelfen, das Christentum tiefer, inniger zu verstehen.

Kann man sagen, dass Kopernikus, als er in seinem stillen Kämmerlein ein neues astronomisches Weltsystem aufstellte, die Natur umschaffen wollte? Wahnsinn wäre es, solches zu sagen. Die Natur ist geblieben, was sie war, aber die Menschen haben gelernt, über die Natur in einer Weise zu denken, wie es der neuen Kultur geziemt.

Meine sehr verehrten Anwesenden! Ich habe mir erlaubt, mein Buch, das ich vor vielen Jahren über das Christentum geschrieben habe, *Das Christentum als mystische Tatsache* zu nennen. Wer gewohnt ist, über die Dinge nachzudenken, die er der Welt überliefert, der wählt einen solchen Titel nicht ohne nachzudenken. Warum habe ich diesen Titel gewählt? Ich habe ihn gewählt, um zu zeigen, dass das Christentum nicht eine Lehre ist, die man so oder so verstehen kann, sondern dass es als eine Tatsache in die Welt eingetreten ist, die nur geistig zu verstehen ist.

So wahr die Natur keine andere geworden ist durch Kopernikus, so wahr wird die Tatsache des Christentums keine andere, wenn Geisteswissenschaft zum Instrument wird, die Tatsache des Christentums in ihrem vollen Sinn zu verstehen, sie besser zu verstehen, als das in abgelebten Zeiten möglich war.

Nur ein Punkt aus der geisteswissenschaftlichen Erforschung des Christentums sei mir gestattet hervorzuheben. Ich habe die Zeit schon überschritten, die mir gesetzt war, aber ich bitte Sie, noch auf diesen einen konkreten Punkt der christlichen Geistesforschung hinweisen zu dürfen.

Wenn man mit dem Blick des Geistesforschers die alten Kulturen, die vorchristlichen Kulturen verfolgt, dann findet man, dass diese vorchristlichen Kulturen überall das hatten, was man die Mysterien nennt. Das waren Stätten, von denen man sagen kann, dass sie zugleich kirchlich-religiöse Stätten, Kunststätten und Wissenschaftsstätten waren. Während in den alten Zeiten die äußere Kultur so beschaffen war, dass der Mensch nicht dazu gekommen ist, durch die geisteswissenschaftliche Methode in die geistige Welt einzudringen, wie ich es geschildert habe, während die äußere Kultur nicht eindringen ließ in die geistige Welt, konnten einzelne Menschen in die Mysterien aufgenommen werden.

Das waren die Schüler, die man die Einzuweihenden nannte. Sie wurden dazu gebracht, das zu erlangen, was heute geschildert worden ist, nämlich aus ihrem physischen Leib herauszugehen. Sie wurden durch die Schule der Mysterien dazu gebracht, ein leibfreies Seelenleben zu entwickeln. Und was erlangten sie durch dieses leibfreie Seelenleben? Sie erlangten die Möglichkeit, die geistige Welt und den Mittelpunkt der Geschichte der Erdmenschheit zu erleben.

Man berücksichtigt in der äußeren Wissenschaft viel zu wenig, was durch die Schüler der Mysterien entstanden ist, aber man könnte vieles anführen, um das darzustellen. Nur das Eine lassen Sie mich erwähnen wie ein Symptom, ein Wort des Kirchenvaters Augustinus. Er sagte: Christen gibt es nicht erst, seitdem der Christus auf der Erde erschienen ist, Christen gab es auch schon vorher! Wenn man das heute sagt, wird man als Ketzer angeklagt, aber ein christlicher Kirchenvater durfte sagen, dass es vor dem Christus, vor dem Erscheinen des Christus auf der Erde Christen gab. Und das ist auch die Anschauung des Augustinus selbst. Warum sagte dieser christliche Lehrer solche Worte?

Man erlangt ein Bewusstsein davon, warum er das sagte, wenn man bei Platon liest, wie er die Mysterien schätzt, wie er über die Bedeutung der Mysterien für das ganze Wesen und Leben der Menschheit spricht. Ein Wort, das uns hart erscheinen kann, ist uns von Platon überliefert: Die Menschenseelen leben wie im Schlamm, leben wie im Sumpf, solange sie nicht in die heiligen Mysterien eingeweiht sind.[2]

---

2 Platon, *Phaidon* (69c): «Und so mögen auch diejenigen, welche uns die Weihen angeordnet haben, gar nicht schlechte Leute sein, sondern

Platon sagte das, weil er überzeugt war, dass die Menschenseele ihrem Wesen nach geistig-seelisch ist, dass nur derjenige, der durch die Mysterien seine Seele aus dem physischen Leib herausnimmt, der geistigen Welt ansichtig wird. Als jemand, der seinem wahren Wesen entzogen ist, erschien Platon der Mensch, der nicht in die Mysterien eingeweiht ist. Und das ist das Wesentliche: Der einzige Weg, aus dem Physisch-Sinnlichen in das Geistige hineinzugelangen, war in alten Zeiten der Weg durch die Mysterien.

Das ist aber heute nicht mehr so. Ein gewaltiger Unterschied ist vorhanden in Bezug auf das Verhältnis der Menschenseele zu der geistigen Welt gegenüber den vorchristlichen Zeiten. Was ich Ihnen heute erzählt habe, und was jede Seele mit sich vornehmen kann, um Eintritt in die geistige Welt zu erhalten, das ist erst seit der Begründung des Christentums möglich. Erst seither kann jede Seele, die durch Selbsterziehung das anwendet, was ich heute dargestellt habe, in die geistige Welt hinaufgelangen.

Vor der Begründung des Christentums brauchte man die Mysterien, brauchte man die autoritativen Anweisungen der

---

schon seit langer Zeit uns andeuten, wenn einer ungeweiht und ungeheiligt in der Unterwelt anlangt, daß der in den Schlamm zu liegen kommt, der Gereinigte aber und Geweihte, wenn er dort angelangt ist, bei den Göttern wohnt. ‹Denn›, sagen die, welche mit den Weihen zu tun haben, ‹Thyrsusträger sind viele, doch echte Begeisterte wenig›.» (Übers. Schleiermacher).

Lehrer. Selbsteinweihung hat es in alten Zeiten nicht gegeben. Und wenn die Geisteswissenschaft gefragt wird: Worauf beruht dieser Umschwung?, dann hat sie aus ihrer Forschung heraus zu antworten: Dieser Umschwung ist durch das Mysterium von Golgota möglich geworden.

Durch die Begründung des Christentums ist eine Tatsache in die Menschheit eingetreten, die nur im Geist erforscht werden kann. Das ist etwas, was vorher im Geistigen nur zu finden war, wenn der Mensch durch die Mysterien den Leib verließ. Der Christus selbst, er ist nach der Begründung des Christentums von jeder Menschenseele durch eigene Anstrengung zu finden. Was die Mysterien in die Menschenseele hineinbrachten, das liegt seit dem Mysterium von Golgota in jeder Menschenseele, das ist allen Menschenseelen zuteil geworden. Woher ist das gekommen? Diejenigen, von denen man wusste, dass sie durch die Mysterien gegangen sind, sie nennt der Kirchenlehrer Christen, weil sie durch die Mysterien die geistige Welt gesehen haben.

Die Geisteswissenschaft zeigt uns, dass, indem Jesus gelebt hat in der Art, wie wir es in den Evangelien finden, ein Moment in seinem Leben eintritt, wo dieser Jesus sich umgewandelt hat, wo etwas in ihn eingetreten ist, was früher nicht in ihm war, was dann während drei Jahren in ihm gelebt hat. Und das, was da in ihn eingezogen ist, das ist durch das Mysterium von Golgota gegangen.

Es ist jetzt nicht die Zeit, die Einzelheiten des Mysteriums von Golgota zu schildern. Aber die Geisteswissenschaft bestätigt von ihrem Gesichtspunkt aus, von ihrem wissenschaftlichen Gesichtspunkt aus das, was in den Evangelien geschrieben ist.

Durch das, was auf Golgota geschieht, verbindet sich mit der Erdmenschheit selbst etwas, was vorher nur in den geistigen Höhen zu erreichen war. Es lebt seit der Zeit, da der Christus auf Golgota durch den Tod gegangen ist, in allen menschlichen Seelen drinnen. Es ist die Kraft, durch die die Seele den Weg in die geistige Welt hinein finden kann. Das Menschengeschlecht auf der Erde ist in Bezug auf seine Seele ein anderes geworden durch das Mysterium von Golgota. Der Christus ist, wie er selbst sagt, «von oben», aber er ist in die Welt der Erde und des Menschen eingezogen.

Man wirft der Geisteswissenschaft vor, dass sie sagt, der Jesus sei nicht immer der Christus gewesen, sondern erst im dreißigsten Jahr des Jesus habe das Christus-Leben auf der Erde begonnen. Oberflächlichkeit über Oberflächlichkeit, aus dem Vorurteil der Menschen herausgeboren, tritt da der Geisteswissenschaft entgegen. Wenn man eine Tatsache zugibt, tritt einem gleich ein Vorurteil entgegen. So ist es mit allem, was von der Gegnerschaft in Bezug auf die Stellung der Geisteswissenschaft zum Christentum gesagt wird.

Müssen wir nicht sagen: Erst im dritten Lebensjahr kann der Mensch beginnen, sich zu erinnern? Sagen wir aber deshalb, dass das, was später im Menschen auflebt, nicht früher schon in ihm war? Wenn man von dem Einzug des Christus in den Jesus spricht, leugnet man deshalb, dass der Christus von der Geburt an mit dem Jesus verbunden war? Ebenso wenig leugnet man das, wie man leugnet, dass die Seele im Kind ist, bevor in ihr im Laufe des dritten Jahres die Erinnerung auflebt. Man braucht nur zu verstehen, was die Geisteswissenschaft sagt, dann wird man nicht ihr Gegner sein.

Ferner wird der Geisteswissenschaft vorgeworfen, dass sie aus dem Christus ein kosmisches Wesen macht. Sie tut aber nichts anderes, als den Blick des Erdmenschen über die bloßen irdisch-physischen Angelegenheiten in die Weiten des Weltalls hinauszuerweitern, sodass er das geistige Weltall mit seinem Wissen umfasst – wie Kopernikus das äußere Weltall mit seinem Wissen umfasst hat. Dass die Geisteswissenschaft das Bedürfnis hat, in ihr Wissen das einzubeziehen, was ihr das Heiligste ist, das entspricht einem religiösen und zugleich tief wissenschaftlichen Gefühl.

Geurteilt haben die Menschen vor Kopernikus über die Bewegungen im Weltall nach dem, was sie sahen. Unabhängig von der Sinneswahrnehmung haben sie dann gelernt zu urteilen. Ist es strafbar, wenn Geisteswissenschaft dasselbe tut in Bezug auf die geistigen Angelegenheiten der Menschheit? Geurteilt haben die Menschen über das Christentum, über das Leben des Christus Jesus, wie sie bisher urteilen konnten. Geisteswissenschaft will den Blick in die kosmisch-geistigen Weiten erweitern. Sie fügt zu dem bisher Gewussten das hinzu, was sie aus der Geisteswissenschaft heraus über den Christus zu sagen hat.

Geisteswissenschaft erkennt in dem Christus ein Wesen, das ewig ist, ein Wesen, das nur einmal in einen menschlichen Leib eingezogen ist, das sich dadurch von den übrigen Menschen unterscheidet, dass es nicht wiederholte Erdleben durchmacht. Der Christus ist nur einmal in einen Menschenleib eingezogen und ist seitdem mit den Seelen der Menschen vereinigt.

Einen merkwürdigen Fehler machen diejenigen, die die Geisteswissenschaft vom Standpunkt des Christentums aus bekämpfen. Man frage einmal bei der Geisteswissenschaft an, ob sie das bekämpft, was sie innerhalb des Christentums findet! Sie sagt zu allem Ja, wozu sonst das Christentum Ja sagt. Aber sie sagt noch etwas anderes dazu. Dieses «andere» verbieten, das heißt nicht, auf dem Christentum bestehen, sondern das heißt, auf einer Beschränkung des Christentums bestehen. Es heißt so operieren, wie diejenigen operiert haben, die über Kopernikus, Galilei, Giordano Bruno so gesprochen haben, wie ich es angeführt habe.

Welcher logische Fehler da zugrunde liegt, das kann man leicht sehen. Die Leute kommen und sagen: Ihr redet von einem kosmischen Christus, der auch in den Weltweiten lebt, daher seid ihr Gnostiker! Wer das sagt, der begeht denselben

Fehler, den einer begeht, der sagt: Der Mann, der mir jetzt Geld gegeben hat, er war mir 30 Kronen schuldig. Er hat mir aber 40 Kronen gegeben, weil er mir 10 dazu geliehen hat. Wenn ich jetzt sage: Der Mann hat mir die Schuld nicht bezahlt, er hat mir nicht 30 Kronen gegeben, sondern 40 Kronen, begehe ich da nicht einen törichten Fehler?

Wenn aber die Leute kommen und sagen zu der Geisteswissenschaft: Ihr sagt uns nicht nur das, was wir über den Christus sagen, sondern ihr sagt noch etwas dazu!, dann merken die Leute nicht, welch ungeheuren Fehler sie machen, weil sie aus ihrer Leidenschaft heraus sprechen und nicht objektiv. Man mag dagegen polemisieren, dass das, was Geisteswissenschaft über das Christentum gibt, für die Menschen etwas ist oder nicht. Das hängt dann von dem ab, was die Menschen brauchen. Man könnte so auch Kopernikus, Galilei und Giordano Bruno zurückweisen. Aber man darf nicht sagen, Geisteswissenschaft sagt weniger über das Christentum oder Geisteswissenschaft tritt gegen das Christentum auf.

Und noch eines ist es, meine sehr verehrten Anwesenden, was ausgesprochen werden muss, wenn über das Verhältnis der Geisteswissenschaft zum Christentum die Rede ist. Die Menschheit ändert sich, indem sie in den einzelnen Menschenleben von Epoche zu Epoche geht. Unsere Menschenseelen haben Erdleben in Zeiten durchgemacht, wo der Christus noch nicht mit der Erde vereinigt war, und sie werden noch fernere Erdleben durchmachen, in denen der Christus mit der Erde vereinigt ist.

Der Christus lebt jetzt in den Menschenseelen selbst. Wenn die Menschenseele sich immer mehr vertieft, indem sie durch wiederholte Erdleben geht, dann wird sie immer selbstständiger, innerlich immer freier. Daher ist es so, dass sie immer neue Instrumente gebraucht, um die alten Wahrheiten zu verstehen, dass sie aus dieser inneren Freiheit heraus immer weiter vorzudringen hat.

So muss gesagt werden: Das Christentum wird gerade durch die Geisteswissenschaft in einer solchen Tiefe erfasst, in einer solchen Wahrheit, in einer solchen Wichtigkeit, dass die Geisteswissenschaft Vertrauen haben darf, wenn sie in einer neuen Form die alten christlichen Wahrheiten verkündigt. Diejenigen, die nur bei ihren Vorurteilen stehen bleiben wollen, mögen glauben, dass Geisteswissenschaft dem Christentum Abbruch tut. Wer in die Kultur der Gegenwart eindringt, der wird finden, dass gerade die Menschen, die nicht mehr in der alten Weise Christen sein können, durch Geisteswissenschaft wieder von der Wahrheit des Christentums überzeugt werden.

Was Geisteswissenschaft über das Christentum zu sagen hat, das darf sie zu jeder Seele sagen, weil jede Seele den Christus, von dem sie spricht, in sich selbst finden kann. Aber sie darf auch sagen, dass sie den Christus als das Wesen findet, das einmal durch die Tatsache des Mysteriums von Golgota in die Menschenseelen, in die Erdwelt eingetreten ist. Der Glaube hat nichts zu fürchten von dem Wissen. Die Gegenstände des Glaubens haben nicht zu scheuen das Licht des Wissens, wenn sie zum Geist aufsteigen.

Und so wird Geisteswissenschaft für jene Seelen das Christentum erobern, die ihm nicht anders gewonnen werden können als dadurch, dass man zu ihnen nicht wie ein prophetischer Religionsstifter spricht, sondern wie ein schlichter Wissenschaftler, der auf das aufmerksam macht, was auf geisteswissenschaftlichem Gebiet gefunden wird, und was die Saiten, die in jeder Seele sind, zum Mitschwingen bringt.

Geistesforscher kann ein jeder Mensch werden. Die Wege dazu können Sie in den genannten Büchern angegeben finden. Aber auch derjenige, der nicht Geistesforscher ist, der kann, wenn er die Wahrheit in unbefangener Weise auf sich wirken lässt, von dieser Wahrheit überzeugt werden. Und wenn er das nicht tut, dann kann er sich nicht von Vorurteilen frei machen, denn in der Seele des Menschen liegt alle Wahrheit.

Es hat nicht jeder Mensch Gelegenheit, als Geistesforscher die Wahrheit des Geistigen zu überschauen. Aber so weit wir auf dem Gebiet der Sinneswelt mit dem Denken sind, so weit geht das Denken mit, wenn der Geisteswissenschaftler auf das aufmerksam macht, was er auf geistigen Wegen erforscht. Er will nur darauf aufmerksam machen, dass es Wahrheiten gibt, die in jeder Seele keimen können, weil sie in jeder Seele vorhanden sind.

Da ich zum Schluss noch darauf aufmerksam machen möchte, meine sehr verehrten Anwesenden, wie die Geisteswissenschaft sich in das Kulturleben hineinstellt, so möchte ich noch das Folgende sagen: Geisteswissenschaft stimmt überein mit der naturwissenschaftlichen Vorstellungsweise und Denkungsart. Nicht anders will sie sich vor die Kultur der Gegenwart hinstellen, als sich der kirchliche Domherr Kopernikus, als sich Galilei, als sich Giordano Bruno vor ihre Gegenwart hingestellt haben.

Vergegenwärtigen wir uns Giordano Bruno. Was hat er getan? Bevor er auftrat und seine für die Menschheitsentwicklung so bedeutungsvollen Worte sprach, blickten die Menschen ins Weltall hinein. Sie sprachen von den Sternensphären so, wie sie glaubten, sie zu sehen. Sie sprachen von einer blauen Himmelskugel, die das Weltall begrenzt. Kopernikus, Galilei und Giordano Bruno, sie hatten den Mut, den Sinnenschein zu durchbrechen und eine neue Denkungsweise zu begründen.

Was war es denn, was Giordano Bruno vor seinen Zuhörern sagte? Er sagte: Seht euch die blaue Himmelskugel an! Das Firmament macht ihr selbst durch die Begrenztheit eurer Erkenntnis; eure Augen sehen nur bis dahin, und eure Augen sind es, die sich diese Grenze schaffen! Über diese Grenze hinaus erweiterte Giordano Bruno den Blick der

Menschen. Er glaubte darauf hinweisen zu dürfen, dass in die Raumesweiten ewige Sternenwelten eingebettet sind.

Und was muss der Geistesforscher sagen? Lassen Sie es mich im Sinne der neueren Geistesentwicklung aussprechen. Hinweisen muss der Geistesforscher auf das «Zeitfirmament», hinweisen muss er auf die Grenze von Geburt und Tod des Menschenlebens. Er muss sagen: Die äußere Anschauung sieht Geburt und Tod als ein Zeitfirmament durch die Begrenztheit des menschlichen Verstandes und Wahrnehmungsvermögens. Aber, wie Giordano Bruno, muss er darauf hinweisen, dass dieses Zeitfirmament nicht da ist, sondern dass es nur von der Begrenztheit der menschlichen Anschauung herrührt.

Wie Giordano Bruno über die Begrenztheit des Raumes hinauswies, wie er darauf hinweisen musste, dass unendliche Welten in die Weiten des Raumes eingebettet sind, so muss der Geistesforscher darauf hinweisen, dass hinter den nicht vorhandenen Grenzen von Geburt und Tod die Zeitunendlichkeit liegt, und dass darin eingebettet der Menschenseele Ewigkeit ist, die ewige Wesenheit des Menschen, wie sie von Leben zu Leben geht. In vollem Einklang mit dem, was für die Naturwissenschaft geschehen ist, steht die Geisteswissenschaft da.

Noch einmal sei es mir gestattet, auch in dieser Stadt darauf aufmerksam zu machen, dass die Geisteswissenschaft keine Religion stiften will, dass sie aber das Seelenleben religiös stimmt, und dass sie gerade zu der Wesenheit im religiösen Mittelpunkt hinführt, zu dem Christus. Es sei mir gestattet, darauf aufmerksam zu machen, dass Geisteswissenschaft, obwohl sie keine neue Religionsgemeinschaft stiften will, sie doch die Menschenseele tief religiös stimmt, dass sie aus der Wissenschaft des Geistes heraus nicht eine neue Religion, aber ein vertieftes religiöses Bewusstsein herbeiführt.

Und derjenige, der sich vor der Geisteswissenschaft fürchtet, als ob sie das religiöse Bewusstsein zerstören könnte, der gleicht einem Menschen, der vor Kolumbus hingetreten wäre, als er nach Amerika gefahren ist, und gesagt hätte: Warum entdeckst du Amerika? Hier in unserem alten Europa geht so schön die Sonne auf; wissen wir denn, ob auch in Amerika die Sonne aufgeht, die Menschen wärmt und die Erde beleuchtet? Wer in den Sinn des physischen Erddaseins eingetreten ist, der wird wissen, dass in allen Ländern die Sonne leuchtet. Derjenige aber, der für sein Christentum fürchtet, der gleicht einem solchen Menschen, der die Entdeckung eines neuen Landes fürchtet, weil er meint, es könne dort die Sonne nicht scheinen.

Wer die Christus-Sonne in seiner Seele trägt, der weiß, dass die Christus-Sonne in jedem Land leuchtet. Welche Gebiete auch noch entdeckt werden, seien es Gebiete der Natur oder Gebiete des Geistes, das Amerika des Geistes wird niemals entdeckt werden, wenn nicht das wahrhaft religiöse Leben in Zugehörigkeit zum Mittelpunkt des

Erddaseins, zur Christus-Sonne, sich hinneigen wird, wenn nicht die Christus-Sonne, die Seelen erleuchtend, die Seelen erwärmend, die Seelen befeuernd scheinen wird.

Nur derjenige, der schwach ist in seinem religiösen Fühlen, kann fürchten, dass das religiöse Fühlen ersterben oder erlahmen kann in einer neu entdeckten Lage. Wer aber stark ist in seinem Christus-Gefühl, der wird keine Furcht haben vor dem Wissen, der wird nicht fürchten, dass der Glaube durch das Wissen gefährdet werden kann.

In diesem Vertrauen, meine sehr verehrten Anwesenden, lebt Geisteswissenschaft. In diesem Vertrauen spricht Geisteswissenschaft zur Kultur der Gegenwart. Denn sie weiß, dass es wahr ist, dass religiöses Denken und Fühlen durch keine Forschung gefährdet werden kann, sondern nur eine schwache Religiosität etwas zu fürchten hat. Sie weiß, dass man Vertrauen haben darf zum Sinn der Wahrheit.

Und weil der Geistesforscher durch die erschütternden Ereignisse seines Seelenlebens, durch das, was er objektiv durchgemacht hat, weiß, was in den Tiefen der Menschenseele lebt, und weil er durch seine Forschung Vertrauen zur Menschenseele gewinnt – weil er sieht, dass die Menschenseele die innigste Verwandtschaft mit der Wahrheit hat –, so glaubt er, wie sehr auch die Zeichen der Gegenwart gegen die Geisteswissenschaft sprechen mögen, an den endlichen Sieg der Geisteswissenschaft. Er erhofft ihn von der wahrheitsliebenden und religiös lebenden Menschenseele.

Esoterische Stunde

Über innere Entwicklung

Norrköping 14. Juli 1914

Was man wohl möchte, meine lieben Schwestern und Brüder, das ist, dass alle, die an einer esoterischen Stunde teilnehmen, von der Bedeutung derselben so recht durchdrungen wären. *Bewusst* sollen wir da heraustreten aus dem Alltagsleben; es muss uns sein, wie wenn hinweggezogen würde der Schleier, der uns von der geistigen Welt trennt, sodass wir uns ganz in sie hineinversenken können. Dasselbe geschieht ja auch bei der Meditation. Da sollen wir leibfrei werden, verlassen alles, was mit dem Körperlichen zusammenhängt, auslöschen alle Interessen des Alltagslebens und nur hingegeben sein an den Gegenstand unserer Meditation. Ganz heraustreten sollen wir aus unserem Leibe, ihn ganz zurücklassen, genau wie beim Schlafe, nur dass es bei der Meditation bewusst geschieht. *Eins* ist es aber doch, das wir mitnehmen, den *Atem,* die Wirkung von Lunge und Herz, den Lebensodem, den Jahve-Elohim einst den Erdenmenschen eingeblasen hat.

Wenn wir so ganz unserer Meditation hingegeben sind, so werden wir das Gefühl haben, als ob unser Gehirn nur Aether-Gehirn wäre. Wenn der Mensch denkt, so hat dies ja nichts mit seinem Gehirn zu tun, wenn er glaubt, fühlt, so hat das nichts mit dem Organ des Herzens zu tun. Gerade so, wie wenn ein Wagen über einen Weg fährt und die Räder tiefe Spuren hinterlassen, dies mit dem Wagen als solchem nichts zu tun hat, sondern von der Beschaffenheit des Weges abhängt, so darf man auch die Organe nicht beurteilen nach dem, was man äußerlich sieht, wie es die Anatomen und Physiologen machen. Die Organe sind es nicht, die da denken, fühlen, sondern die geistigen Wesenheiten und Kräfte, die hineinwirken. Wie Buchstaben nur Zeichen sind für den Inhalt eines Wortes, so sind auch die Organe nur Zeichen, durch die sich die höheren Wesenheiten im Menschen ausdrücken.

Drei Entwicklungs-Zustände unseres Erden-Planeten überschauen wir:

den jetzigen: die Erde
den vorhergehenden: den Mond
den zukünftigen: den Jupiter

Die meisten von Ihnen wissen, dass der Mensch außer dem großen Gehirn, dem Instrument, durch das er denkt, noch ein kleines Gehirn hat, das mehr unterhalb im Nacken sitzt. Jeder Physiologe kennt es, aber man weiß nicht, dass es ein Rest der alten Mondenzeit ist. Als ein solcher Rest steht es da, als ein Zeichen der Kämpfe, die für uns gekämpft haben die Götter. Was dort auf dem Monde gedacht worden ist, daraus ist das kleine Gehirn geworden. Irrtum aber war nicht in unseren Gedanken, denn göttliche Mächte waren es, die für uns gedacht, unsere Gedanken geleitet haben.

Damals hatte der Mensch noch nicht seine Freiheit, göttliche Wesen lenkten und leiteten ihn. Auf der Erde hat er nun aber die Freiheit, die Selbstständigkeit erlangt, und muss nun selbst die Verantwortung übernehmen für das, was er denkt.

Auch im großen Gehirn finden sich Überbleibsel aus der Mondenzeit: die Zirbeldrüse und die Schleimdrüse; sie waren auf dem Monde das, was heute im Menschen Lunge und Herz sind.

Und durch unser Leben hier auf Erden leben wir uns hinauf zum Jupiter. Das, was der Mensch jetzt ist in seinen Handlungen, seinen Taten, seinem ganzen Wesen, das wird auf dem Jupiter bilden das große Gehirn. Und das, was er jetzt denkt in seinem großen Gehirn, wird dereinst auf dem Jupiter bilden sein kleines Gehirn. Nicht mehr sind es die Götter, die sein Denken überwachen werden; frei geworden ist der Mensch auf Erden. Die Folgen seines Denkens muss er selbst tragen, und warnend wie ein Richter im Nacken sitzt ihm das kleine Gehirn, denn er wird die Wirkung alles dessen, was er gedacht hat auf der Erde, hinübernehmen auf den Jupiter.

Und nun frage ich Sie: Brauchen wir noch ein *Gericht?* Ist dies Gericht nicht viel packender, viel gewaltiger als es Michelangelo hat darstellen können in seinem «Jüngsten Gericht»?

Ermessen Sie die Tragik, die darin liegt, dass der Mensch die Folgen seiner Taten, seines Fühlens und Denkens nun selber tragen muss!

Aber einen Trost, eine Stütze haben wir: Der Christus ist eingetreten in die Erdenentwicklung; darum ist es so wichtig, dass die Geisteswissenschaft gerade in unserer Zeit auftritt, damit das Verständnis für den wahren Christus wieder lebendig werde.

Schon die Blavatsky hat in ihrer *Secret Doctrine* von Jahve als von einem Mondgott gesprochen. Dadurch aber, dass sie ihre eigenen Gefühle hineingemischt hat, ist vieles von dem schlimmen Karma entstanden, das auf der Theosophischen Gesellschaft lastet. Und da Jahve so wenig verstanden wurde, so war es ja kein Wunder, dass man jetzt auch die Christus-Wesenheit so wenig versteht. Um dies richtigzustellen musste gleich am Anfang unserer Bewegung von Luzifer und Ahriman gesprochen werden, denn nur durch deren Erkenntnis kann man auch Jahve richtig einschätzen. Nur dann führt man die Menschen richtig in die geistige Welt, wenn man sie so führt, dass sie dort zum Christus kommen. Stellt man nicht den Christus in den Mittelpunkt, so führt man sie zu Luzifer. Man nennt nur nicht die Dinge beim rechten Namen; man täuscht sich über ihre wahre Natur. Aber was man da «wissenschaftlich» nennt, ist eigentlich ahrimanisch. So wurde in der führenden Zeitschrift der Theosophischen Gesellschaft gesagt, die *Geheimwissenschaft* [von Rudolf Steiner] sei psychologisch und mystisch, dagegen wären die Schriften von A. Besant und Leadbeater wissenschaftlich und okkult. Das aber ist ahrimanisch, und was man «psychologisch und mystisch» nennt, das sollte *christlich* heißen.

Denn die ganze *Geheimwissenschaft* und unsere ganze Arbeit wurde von Anfang an gegründet auf den Christus, sie ist inspiriert worden von der Christus-Wesenheit. Das wollen wir uns immer vor Augen halten, meine lieben Schwestern und Brüder.

Vom Monde sind wir herübergekommen, wo wir noch waren im Schoße der Götter: E.D.N. [Ex Deo nascimur – aus Gott sind wir geboren]. Mit dem Christus sollen wir uns vereinigen auf der Erde, in Ihn hineinsterben: I.C.M. [In Cristo morimur – im Christus sterben wir]. So wird uns der Heilige Geist hinüberleiten in die neue Erdenverkörperung, den Jupiter: P.Sp.S.R. [Per Spiritum Sanctum Reviviscimus – durch den Heiligen Geist werden wir wiedergeboren].

Esoterische Stunde

(2. Fassung: «Von Frau Berendt abgeschrieben»)

Alle, die durch Meditation und Konzentration als wirklich ernst strebende Esoteriker weiterkommen wollen, sie wollen im Grunde nichts anderes als bessere, andere Menschen werden. Im gewöhnlichen Leben denken wir durch das Instrument unseres Gehirnes, also mittels unseres physischen Körpers. In der Meditation ist das anders. Gibt der Esoteriker sich voll Hingabe seiner Meditation hin, so gleicht der Zustand, in den er kommt, dem Schlafzustand, jedoch unter Aufrechterhalten des Bewusstseins. Was an den physischen Körper gebunden ist, das schalten wir aus; nur der Atmungsprozess, der bleibt; er ist dem Menschen als Odem von Jahve eingeblasen. In der Meditation denken wir mit unserem Aetherleib; Lunge und Herz erweitern sich und werden zum Gehirn, aber zum ätherischen Gehirn, und wie unser Kopf sich verhält zu dem übrigen physischen Leib, so verhält sich dieses ätherische Gehirn zu dem Himmelsleib. Man kann den Menschen nicht erkennen mit den Methoden der äußeren Wissenschaft, durch Physiologie, Anatomie, Chemie etc. Es ist das so, als wenn man etwas auf ein Papier mit Schriftzeichen geschrieben erkennen wollte, indem man Papier und Tinte untersucht; dadurch aber erkennt man nicht, was ausgedrückt ist in den Zeichen. Die Organe des Menschen sind solche Zeichen, durch welche die göttlich-geistigen Wesen sprechen: Unser Kehlkopf, unser Herz, unsere Lunge, unser Hirn sind solche Zeichen. Das Denken arbeitet, indem es die Substanz verdichtet, erst das Hirn aus, und das Fühlen bildet das Herzorgan. Der Mensch war nicht immer so, wie er jetzt ist. Auf dem alten Monde atmete der Mensch Wärme ein; wir haben in unserem Haupte etwas, was wir herübergebracht haben von der alten Mondenentwicklung, als ein Überbleibsel, als ein Denkmal der Mondenzeit; es ist das blätterartige *kleine Gehirn* in unserem Hinterhaupt. Damals war es nicht klein; es ist zusammengeschrumpft, und was dem alten Mondenmenschen Lunge und Herz war, das tragen wir als Zirbeldrüse und Schleimdrüse in unserem Haupte. Lunge und Herz des Mondenmenschen bildeten sich um und wurden zum Gehirn für den Erdenmenschen. Ebenso werden Lunge und Herz des Erdenmenschen sich umbilden und Gehirn werden für den Jupitermenschen. Durch unsere esoterischen Übungen wird das vorbereitet.

Durch das kleine Gehirn, das zur Mondenzeit ein großes Hirn war, sprach die Gottheit zu dem Menschen; es ist die Gottheit, die Jahve genannt wird, und die sich mit der Mondenentwicklung verbunden hatte. Jetzt darf dies ausgesprochen werden; einmal ist es schon ausgesprochen worden, von H. P. B[lavatsky] in der *Secret Doctrine,* wo sie Jahve eine Mondengottheit nennt. Aber es kommt nicht darauf an, Tatsachen bloß auszusprechen, sondern darauf, *wie* man sie ausspricht. Ein großer Teil des schlimmen Karmas der Theosophischen Gesellschaft ist darauf zurückzuführen, dass Blavatsky in abfälliger Weise darüber gesprochen hat. Es musste aus diesem Grunde die Lehre von Ahriman und Luzifer gebracht werden, die mussten an die richtige Stelle gestellt werden. Wie Jahve durch das Mondengehirn auf den Menschen wirkte und ihn leitete, so soll der Erdenmensch in *Freiheit,* aber, indem er den Christus in sich aufnimmt, seine Handlungen und Taten vollbringen. Freiheit gab es für den Mondenmenschen noch nicht; die brachte erst Luzifer den Menschen.

Wie der Mensch fühlt den Jahve im Nacken sitzen, als seinen Richter, so wird sich, als Folgen seiner Taten auf Erden, *vor* den Jupitermenschen hinstellen das, was Böse und Gut ist. Er wird es anschauen. Ein furchtbares Gericht wird das sein, furchtbarer als Michelangelo es dargestellt hat auf der Wand der Sixtinischen Kapelle. Der Mensch wird dann nicht mehr geführt, wie Jahve ihn führte, durch sein Wirken auf das kleine Gehirn.

ANHANG
Faksimiles und Textvergleiche

Isis und Madonna.

Vortrag von Dr. R. Steiner, Architektenhaus

Berlin, d. 29. 4. 1909.

Goethe hat wiederholt darauf hingewiesen, dass derjenige welcher den Geheimnissen der Natur nahe kommt, sich sehnt nach der Kunst, der würdigsten Auslegerin dieser Geheimnisse. Goethe hat in seinen Schöpfungen gezeigt, dass die Kunst ihm Auslegerin der Wahrheit war. Mit dieser Anschauung hat Goethe etwas getroffen, das als ein Grundmotiv durch alle Zeiten der Menschenentwicklung gegangen ist. Mehr oder weniger bewusst oder unbewusst stellen sich uns in den Künsten gewisse Wahrheiten, die in den Seelen leben, dar. Es sind oft die geheimnisvollsten Wahrheiten u. Erkenntnisse, die sich nicht leicht in abstrakte Formeln bringen lassen, die ihren Ausdruck suchen in der künstlerischen Darstellung.

Wir wollen eine geheimnisvolle Wahrheit uns vor Augen führen, die durch Jahrtausende sich in der Kunst aussprach, die zwar in gewissen engen Kreisen immer ihre wissenschaftl. Formulierung fand,

Handschr.

Isis und Madonna

Vortrag von Dr. R. Steiner, Architektenhaus

Berlin, d. 29.4.1909.

Goethe hat wiederholt darauf hingewiesen, daß derjenige,/ welcher den Geheimnissen der Natur nahe kommt, sich sehnt/ nach der Kunst, der würdigsten Auslegerin dieser Geheim-/ nisse. Goethe hat in seinen Schöpfungen gezeigt, daß/ die Kunst ihm Auslegerin der Wahrheit war. Mit die-/ ser Anschauung hat Goethe etwas getroffen, das als/ ein Grundmotiv durch alle Zeiten der Menschenentwicke-/ lung gegangen ist. Mehr oder weniger bewußt oder/ unbewußt stellen sich uns in den Künsten gewisse/ Wahrheiten, die in den Seelen leben, dar. Es sind oft/ die geheimnisvollsten Wahrheiten u. Erkenntnisse, die/ sich nicht leicht in abstrakte Formeln bringen lassen;/ die ihren Ausdruck suchen in der künstlerischen Dar-/ stellung.

Wir wollen eine geheimnisvolle Wahrheit uns/ vor Augen führen, die durch Jahrtausende sich in/ der Kunst aussprach, die zwar in gewissen engen/ Kreisen immer ihre wissenschaftl. Formulierung fand,/

GA57

ISIS UND MADONNA

Berlin, 29. April 1909

(S. 381) *Goethe* hat wiederholt darauf hingewiesen, daß derjenige, welcher den Geheimnissen der Natur nahekommt, sich sehnt nach der würdigsten Auslegerin dieser Geheimnisse, nach der Kunst. Und Goethe hat in seinen Schöpfungen sein ganzes Leben hindurch gezeigt, wie ihm die Kunst Auslegerin der Wahrheit war. Aber man darf sagen, daß Goethe mit dieser Anschauung etwas getroffen hat, was als eine Grundüberzeugung, als ein Grundmotiv durch alle Zeiten, durch alle Epochen der Menschheitsentwickelung gegangen ist.

Mehr oder weniger bewußt oder unbewußt stellen sich uns in den verschiedenen Künsten verschiedene «Sprachen» – könnte man sagen – dar, um gewisse Wahrheiten, welche in den Seelen leben, zum Ausdruck zu bringen. Es sind oftmals gerade die geheimnisvollsten Wahrheiten, die geheimnisvollsten Erkenntnisse, die sich nicht leicht in starre Begriffe bringen, nicht leicht in abstrakte Formeln kleiden lassen, und die dann ihren Ausdruck suchen in der künstlerischen Darstellung.

Heute soll uns eine solche geheimnisvolle Wahrheit vor Augen treten, welche sich durch Jahrhunderte hindurch in der Kunst aussprechen wollte, welche auch in gewissen engen Kreisen immer ihre wissenschaftliche Formulierung gefunden hat, in Zukunft aber erst durch die Geisteswissenschaft populär werden wird. Goethe konnte sich dieser Wahrheit von den verschiedenen Seiten mit seiner Seele nähern. Es war ein bedeutungsvoller Augenblick bei Goethe, der ein Erleben solchen Geheimnisses bedeutet, als er Plutarch lesend, die Erzählung fand von Nikias, der eine sizilianische Stadt den Römern geneigt machen wollte, und deshalb verfolgt wurde. Er stellte sich wahnsinnig auf der Flucht und rief: „die Mütter, die Mütter verfolgen mich!" An diesem Ausruf erkannte man, daß man es nicht mit einem gewöhnlichen Wahnsinnigen zu tun hatte; denn in seiner Gegend gab es einen Tempel für „die Mütter" in seiner Zeit u. man wußte daher, was der Ausdruck bedeutet. Als Goethe die volle Bedeutung des Ausdruckes ~~die~~ „Mütter" vor seine Seele stellte, da wußte er auch, daß er das schwierig Schöne der Faust Scene im 2. Teil, wobei er ein Höchstes darstellen wollte, nicht besser ausdrücken konnte, als daß er Faust selber zu den Müttern gehen ließ. Was stellt dieser Gang dar?

Mephisto bringt Faust den Schlüssel, kann aber nicht selbst zu den Müttern als Geist des Materialismus, der in den Kräften des materiellen daseins enthalten ist. Das Reich der Mütter ist das Reich des Nichts für ihn. Faust der spirituelle Mensch, der dem Geist zugeneigt ist, kann antworten: „In deinem Nichts hoff ich das All zu finden." Nun folgt die bedeutungsvolle Beschreibung des Reiches der Mütter, wie sie weben und leben in dem Gebiet, wo die Gestalten

(S. 2) in Zukunft aber erst **Handschr.** durch die Geisteswissenschaft/
populär werden wird. Goethe konnte sich dieser Wahr-/
heit von den verschiedenen Seiten mit seiner Seele/
nähern. Es war ein bedeutungsvoller Augenblick bei/
Goethe, der ein Erleben solchen Geheimnisses bedeutet,/
als er Plutarch lesend, die Erzählung fand von Nikias,/
der eine sizilianische Stadt den Römern geneigt ma-/
chen wollte, und deshalb verfolgt wurde. Er stellte/
(stellte) sich wahnsinnig auf der Flucht und rief: «Die/
Mütter, die Mütter verfolgen mich!» An diesem Aus-/
ruf erkannte man, daß man es nicht mit einem/
gewöhnlichen Wahnsinnigen zu tun hatte; denn in/
jener Gegend gab es einen Tempel für «die Mütter»/
in jener Zeit u. man wußte daher, was der Aus-/
druck bedeutet. Als Goethe die volle Bedeutung des/
Ausdruckes «Mütter» vor seine Seele stellte,/
da wußte er auch, daß er das Schaurig Schöne/
der Faust Szene im 2. Teil, wobei er ein Höchstes/
darstellen wollte, nicht besser ausdrükken konnte,/
als daß er Faust selber zu den Müttern gehen ließ./
Was stellt dieser Gang dar?/

Mephisto bringt Faust den Schlüssel, kann aber/
nicht selbst zu den Müttern als Geist des Materia-/
lismus, der in den Kräften des materiellen/
Daseins enthalten ist. Das Reich der Mütter ist/
das Reich des Nichts für ihn. Faust der spiritu-/
elle Mensch, der dem Geist zugeneigt ist, kann/
antworten: «In deinem Nichts hoff ich das All/
zu finden.» Nun folgt die bedeutungsvolle/
Beschreibung des Reichs der Mütter, wie sie/
weben und leben in dem Gebiet, wo die Gestalten/

GA57 die aber für weitere Kreise erst in einer gewissen Zukunft durch die Geisteswissenschaft populär werden wird. Goethe selbst konnte sich dieser Wahrheit mit seiner (S. 382) Seele von den verschiedensten Seiten nähern. Wir durften in einem der Vorträge, die hier von mir über Goethe gehalten wurden, auf den bedeutungsvollen Augenblick bei Goethe hinweisen, der ein Erleben solchen Geheimnisses darstellt. Hingewiesen wurde darauf in dem zweiten der Vorträge, die Goethes Faust behandelten, wie Goethe, den griechischen Schriftsteller *Plutarch* lesend, an einer Stelle die merkwürdige Erzählung fand von Nikias, der eine den Karthagern gehörende Stadt in Sizilien den Römern wieder geneigt machen wollte und der deshalb verfolgt wurde. Auf der Flucht stellte er sich wahnsinnig, und man erkannte an dem eigentümlichen Ruf, den er ausstieß: «Die Mütter, die Mütter verfolgen mich» –, daß es sich nicht um einen gewöhnlichen Wahnsinn handelte, denn in jener Gegend war ein sogenannter «Müttertempel» in alter geheimnisvoller Art errichtet, und man wußte daher, was der Ausdruck «die Mütter» bedeutet. Als Goethe in seiner Empfindung wieder die volle Bedeutung des Ausdrucks «die Mütter» vor seine Seele hinstellen konnte, da wußte er auch, daß er das Schaurig-Schöne der Faustszene im zweiten Teil, worin er ein Höchstes darstellen wollte, nicht besser ausdrücken könnte als dadurch, daß er Faust selber zu den Müttern gehen ließ.

Was stellt der Gang zu den Müttern bei Faust dar? Wir haben es in jenem Faustvortrag kurz erwähnt. Mephisto bringt Faust zwar den Schlüssel, aber er kann sich nicht selbst in jenes Reich begeben, in dem die Mütter thronen. Mephisto ist der Geist des Materialismus, der Geist, der sozusagen in den Kräften und Gewalten des materiellen Daseins als den Menschen angehend enthalten ist. Für ihn ist das Reich der Mütter das Reich des Nichts. Faust, der spirituelle Mensch, der dem Geiste zugeneigt ist, kann antworten: «In deinem Nichts hoff ich das All zu finden.» (S. 383) Nun folgt jene durchaus merkwürdige, bedeutungsvolle Beschreibung des Reiches der Mütter, wo uns gesagt wird, wie sie weben und leben in einem Gebiete, aus dem die Gestalten

herausgeformt werden. Gestalten, Umgestalten ist Wesen das Reich der geheimnisvollen Göttinnen. Zu ihnen muss Faust hinunter, als er Erkenntnis schöpfen will von dem, was über allem Irdischen erhaben ist.
Nur dadurch kann Faust das Ewige der Helena mit deren Zeitlichen in würdiger Weise zur Vereinigung bringen, dass seiner Seele sich auftut das Reich der Mütter. Goethe versteht sehr wohl, dass dies das Reich ist, in das der Mensch eindringt, wenn er die in Seele schlummernden geistigen Kräfte erweckt. Wenn der grosse Augenblick eintritt, wo das geistige Auge und Ohr geöffnet wird, da tritt man den Gang zu den Müttern, ins Reich der Mütter an.

Es wurde schon öfter erwähnt, dass wenn der Mensch genau vorgeschriebene Methoden anwendet, er aufgeschlossen erhält diese geistigen Augen und Ohren. Erst wirkt dies Reich verwirrend. Unsere Welt hat scharfe Konturen; wir kennen uns dadurch in ihr aus. In der geistigen Welt ist eine verwirrende Fülle von ineinander webenden Erscheinungen, wie Goethe sie beschrieb im 2. Teil d. Faust.

Aus diesem Mütterreich herausgeboren ist das, was unseren Sinnen gegeben ist. Weil dies geheimnisvolle Reich das Mütterreich aller irdischen u. physischen Dinge ist, das Reich, das sozusagen die göttliche Urspannung enthält, wirkte auf Goethe der Ausdruck „die Mütter" so schauervoll schön, verstand er, was er im Plutarch las, dass wenn man ruft: „die Mütter" so sieht man nicht wie ein Wahnsinniger in ein wesenloses Reich, sondern in ein Reich geistiger Wirklichkeit. Sozusagen das Mütterproblem

(S. 3) herausgeformt wer- Handschr.
den. Gestalten, Umgestalten ist/
Wesen des Reiches der geheimnisvol-
len Göttinnen./
Zu ihnen muß Faust hinunter, als er Erkenntnis/
schöpfen will von dem, was über allem Sinnlichen/
erhaben ist.

Nur dadurch kann Faust das Ewige der Helena/
mit derem Zeitlichen in würdiger Weise zur/
Vereinigung bringen, daß seiner Seele sich auftut/
das Reich der Mütter. Goethe versteht sehr wohl, daß/
dies das Reich ist, in das der Mensch eindringt, wenn/
er die in Seele schlummernden geistigen Kräfte/
erweckt. Wenn der große Augenblick eintritt, wo/
das geistige Auge und Ohr geöffnet wird, da tritt/
man den Gang zu den Müttern, ins Reich der/
Mütter an.

Es wurde schon öfter erwähnt, daß wenn/
der Mensch genau vorgeschriebene Methoden an-/
wendet, er aufgeschlossen erhält diese geistigen/
Augen und Ohren. Erst wirkt dies Reich verwirrend./
Unsere Welt hat scharfe Konturen; wir kennen uns/
dadurch in ihr aus. In der geistigen Welt ist eine/
verwirrende Fülle von ineinander webenden/
Erscheinungen, wie Goethe sie beschrieb im 2. Teil d. Faust./

Aus diesem Mütterreich herausgeboren ist das,/
was unseren Sinnen gegeben ist. Weil dies geheim-/
nisvolle Reich das Mütterreich aller irdischen u./
physischen Dinge ist, das Reich, das sogenannt die/
göttliche Substanz enthält, wirkte auf Goethe der/
Ausdruck «die Mütter[»] so schauervoll schön, verstand/
er, was er in Plutarch las, daß wenn man ruft:/
«die Mütter» so sieht man nicht wie ein Wahnsinniger/
in ein wesenloses Reich, sondern in ein Reich gei-/
stiger Wirklichkeit. Sozusagen das Mütterproblem/

GA57 der sichtbaren Welt herausgeformt werden; wie man sich hinwegsetzen muß über alles das, was in Zeit und Raum lebt, wenn man zu diesen Müttern dringen will. Gestaltung, Umgestaltung, das ist das Wesen ihres Reiches. Geheimnisvolle Göttinnen sind sie, die da walten in einem Geist-Reiche hinter der sinnlichen Wirklichkeit. Zu ihnen muß Faust hinunter in dem Augenblick, da er Erkenntnis schöpfen soll von dem, was über alles Sinnliche, über alles Physische erhaben ist. Nur dadurch kann Faust das Ewige der Helena mit deren Zeitlichem in würdige Vereinigung bringen, daß seiner Seele sich auftut dieses Reich der Mütter. Schon damals in jenem Faustvortrage konnte darauf hingewiesen werden, daß Goethe sehr wohl verstand, daß man es bei diesem Reiche der Mütter mit dem Reich zu tun hat, in das der Mensch eindringen kann, wenn er die in seiner Seele schlummernden geistigen Kräfte erweckt. Es ist das für ihn der große Augenblick, in dem die geistigen Wesenheiten und Tatsachen sich offenbaren, die immer um uns herum sind, die man aber mit sinnlichen Augen ebensowenig sieht, wie der Blinde Farbe und Licht; wo sein geistiges Auge und sein geistiges Ohr geöffnet wird für eine Welt, die hinter der physischen ist. Der Eintritt in dieses Reich ist mit dem Gang in das Reich der Mütter bezeichnet.

Es wurde in diesen Vorträgen wiederholt darauf hingewiesen, daß der Mensch, wenn er gewisse intime Vorgänge auf seine Seele anwendet, gewisse genau vorgeschriebene Methoden der inneren Versenkung in seine Vorstellungs-, Gefühls- und Willenswelt, daß er dann in der Tat diese geistigen Augen und Ohren und mit ihnen neue Reiche um ihn herum aufgeschlossen erhält. Hingewiesen wurde auch (S. 384) darauf, daß derjenige, welcher in dieses Reich eintritt, verwirrt wird von den Eindrücken, welche auf ihn wirken. Während wir in der physischen Welt die Gegenstände mit scharfen Konturen haben und durch diese uns auskennen, werden wir in der geistigen Welt ein verwirrendes Gefühl von ineinander schwebender und webender Gestaltung haben, genau wie es bei Goethe im zweiten Teil des «Faust» beschrieben wird. Aber aus diesem Mütterreiche ist das, was unsern Sinnen gegeben ist, herausgeboren, wie aus der Erzmutter im Gebirge herausgeboren ist das Metall. Deshalb, weil dieses geheimnisvolle Reich, das Mutterreich aller physischen und irdischen Dinge, das Reich, das sozusagen die göttliche Substanz von allem enthält, bei Goethe anklingt, wirkt bei ihm der Ausdruck «die Mütter» so faszinierend, so schauervoll schön. Deshalb verstand er, was er bei Plutarch las, erkannte, daß wenn jemand ruft «Die Mütter, die Mütter!», er nicht wie ein Wahnsinniger in ein unsinniges, wesenloses Reich sieht, sondern in ein Reich geistiger Wirklichkeit. Sozusagen das Mutterproblem der Welt stand ihm vor Augen bei der Lektüre des Plutarch u. er geheimnißte es in den 2. Teil des Faust hinein. Derjenige, der ins Reich der Mütter eintreten will, müsste durchmachen, was man nannte Katharsis, müsste seine Seele, aus der herausgeholt werden sollten die geistigen höheren Kräfte, so vorbereiten, dass sie keinen Hang mehr zum Sinnenschein hat; frei von dem muss sie sein, dann kann sie eindringen in die geistigen Reiche. Was man die gereinigte, durch die Katharsis hindurchgegangene Seele nennt, hat man überall da, wo man von diesen Geheimnissen etwas wusste, des Menschen höheres Innere genannt, jenes Innere, von dem man sich sagte: es stammt aus höheren, geistig-seelischen Quellen, es hat eine sinnliche Keimes-zusammenhang und mit des Menschen wahrem Ursprung dachte man es sich.

Was man heute Entwicklung, Aufsteigen zum Vollkommenen nennt, wird nicht als irrtümlich von der Geisteswissenschaft hingestellt, sondern anerkannt die Evolutionslehre wird von der G.W. vollkommen anerkannt, aber zu gleicher Zeit darauf hingewiesen, dass der Mensch sich nicht erschöpft in dieser Entwicklung, sondern, dass diese nur die Aussenseite der Menschheitsentwicklung ist.

Wenn wir den Menschen zurückverfolgen, kommen wir zu unvollkommenen sinnlichen Gestalten, aber auf den geistig seelischen Ursprung des Menschen.

(S. 4) der Welt stand ihm Handschr. vor Augen bei der Lektüre/
des Plutarch u. er geheimnißte es in den 2. Teil/
des Faust hinein. Derjenige, der ins Reich der/
Mütter eintreten will, mußte durchmachen, was/
man nannte Katharsis mußte seine Seele,/
aus der herausgeholt werden sollten die geistigen/
höheren Kräfte, so vorbereiten, daß sie keinen/
Hang mehr zum Sinnenschein hat; frei von dem muß sie/
sein, dann kann sie eindringen in die geistigen/
Reiche. Was man die gereinigte, durch die Katharsis/
hindurchgegangene Seele nennt, hat man überall/
da, wo man von diesen Geheimnissen etwas wußte,/
des Menschen höheres Innere genannt, jenes Innere,/
von dem man sich sagte: es stammt aus höheren, gei-/
stig-seelischen Quellen, es hat eine himmlische Heimat./
Zusammenhängend mit des Menschen wahrem Ursprung/
dachte man es sich.

Was man heute Entwicklung, Aufsteigen zum/
Vollkommensten nennt, wird nicht als irrtümlich von/
der Geisteswissenschaft hingestellt, sondern anerkannt./
Die Evolutionslehre wird von der GW. vollkommen/
anerkannt, aber zu gleicher Zeit darauf hinge-/
wiesen, daß der Mensch sich nicht erschöpft in dieser/
Entwicklung, sondern, daß diese nur die Außenseite/
der Menschheitsentwicklung ist.

Wenn wir den Menschen zurückverfolgen, kommen/
wir zu unvollkommenen sinnlichen Gestalten, aber/
auf den geistig seelischen Ursprung des Menschen./

GA57 der Welt stand Goethe bei der Lektüre des Plutarch dazumal vor Augen, und dieses Mutterproblem geheimnißte er, wie so vieles, in den zweiten Teil des «Faust» hinein.

Derjenige nun, der in dieses Reich der Mütter, in das Reich der geistigen Welt, eintreten will, mußte in alten Zeiten etwas durchmachen – neben all den anderen Übungen, die Sie beschrieben finden in «Wie erlangt man Erkenntnisse der höheren Welten?» –, was man immer genannt hat die vorbereitende Reinigung, die Katharsis des Gemütes. Er mußte sich so vorbereiten, daß seine Seele, aus der die höheren geistigen Kräfte herausgeholt werden sollten, keinen Zwang, keine Leidenschaft mehr hat für die gewöhnliche, sinnliche Welt, daß sie sozusagen sich gereinigt und geläutert hat von alledem, was hinzieht zum Sinnes(S. 385)schein, hinzieht zu dem, was Augen- und Ohrenweide für die Sinne ist, und die den Verstand an den physischen Leib gebunden hält. Frei davon muß die Seele sein, dann kann sie in sich erwecken das geistige Auge und eindringen in das geistige Reich. Was man die gereinigte Seele nennt, was man nennt die durch die Katharsis durchgegangene Seele, die nicht mehr dem Sinnlich-Physischen zugewandte Seele, das hat man überall da, wo man von diesem Geheimnis etwas gewußt hat, des Menschen höheres Innere genannt, jenes Innere, von dem man sich gesagt hat: Das stammt nicht von dem her, was äußerliche Augen untersuchen können, das stammt aus höheren, aus geistig-seelischen Quellen, das hat nicht irdische, das hat himmlische Heimat. – Zusammenhängend dachte man sich diese geläuterte, gereinigte Seele mit des Menschen wahrem Ursprung; denn dasjenige, was die Geisteswissenschaft zu allen Zeiten war, das hat nicht in demselben Sinne sprechen können von einer rein materiellen Entwickelung, von einem sinnlich Vollkommenen, von einem sinnlich Unvollkommenen. Das, was man heute Entwickelung nennt, was man den Aufstieg nennt von einem sinnlich niedrigen Wesen bis herauf zu dem auf unserer Erde wandelnden vollkommensten sinnlichen Wesen, dem sinnlichen Menschen, das wird von der Geisteswissenschaft nicht als irrtümlich hingestellt; es wird, wie schon oft betont worden ist, ganz und voll anerkannt. Die naturwissenschaftliche Evolutions- und Deszendenzlehre wird von der Geisteswissenschaft vollkommen anerkannt; aber es wird zu gleicher Zeit darauf hingewiesen, daß das, was wir Mensch nennen, sich nicht erschöpft in dieser Entwickelung, daß sie nur die Außenseite der Menschheitsentwickelung ist.

Wenn wir den Menschen zurückverfolgen in der Zeitenwende, dann werden wir finden, daß, je mehr wir zurück(S. 386)kommen zu unvollkommeneren sinnlichen Gestalten, wir auf den geistig-seelischen Ursprung des Menschen treffen.

Was heute Mensch ist, hatte früher kein physisches Dasein. Er war ganz geistig. Die phys. Leiblichkeit ist die Verdichtung eines einst geistig-seelischen Menschen, wie Wasser zu Eis wird. Dies Bild der Entstehung des Menschen würde öfter gebraucht, wenn davon gesprochen würde, wie nach u. nach bis heute, der Mensch physisch wird. Die Geisteswissenschaft sieht zurück in unsere Vergangenheit, da der Mensch geistig-seelisch war. Das Seelische im Menschen ist sozusagen der letzte Rest dessen, was einst ganz Geistig-Seelisch war. Wie heut der Mensch im Innern ist, so war er einst aus dem Schoß der Welt geboren.

Das heutige Seelenwesen kann sich wieder läutern u. vereinigen mit dem Göttlich-Geistigen, durch das es geboren. Dies ist der Prozeß der Katharsis. Wenn wir dieses Seelenwesen in Wahrheit erkennen, sehen wir, daß es nicht von dieser Welt ist, sondern im Hintergrunde sehen wir die göttlich geistige Welt, aus der es herausgeboren ist. Übersetzen wir das, was ausgesprochen, in ein sinnliches Bild: haben wir dann nicht das Bild vor uns, die geistige Welt versinnlicht durch Wolkengebilde, aus denen Engelsköpfe herausgeboren werden. Haben wir nicht in der Madonna sixtina des Raffael ein Bild, das herausgeboren würde aus der göttlich geistigen Welt! Was wird aus dem Menschen, der gereinigt, der nun gebiert den Höhenmenschen? Es ist das, was

Handschr.	GA57
(S. 5) Was heute Mensch ist, hatte früher kein physisches Dasein./ Er war ganz geistig. Die phys. Leiblichkeit ist die Ver-/ dichtung eines einst geistig-seelischen Menschen, wie/ Wasser zu Eis wird. Dies Bild der Entstehung des/ Menschen wurde öfter gebraucht, wenn davon gespro-/ chen wurde, wie nach u. nach bis heute, der Mensch/ physisch wird. Die Geisteswissenschaft sieht zurück in/ urferne Vergangenheit, da der Mensch geistig-seelisch/ war. Das Seelische im Menschen ist sozusagen der/ letzte Rest dessen, was einst ganz Geistig-Seelisch war./ Wie heut der Mensch im Innern ist, so war er einst/ aus dem Schoß der Welt geboren. Das heutige Seelenwesen kann sich wieder läu-/ tern u. vereinigen mit dem Göttlich-Geistigen, durch/ das es geboren. Dies ist der Prozeß der Katharsis./ Wenn wir dieses Seelenwesen in Wahrheit er-/ kennen, sehen wir, daß es nicht von dieser Welt ist,/ sondern im Hintergrunde sehen wir die göttlich-geistige/ Welt, aus der es herausgeboren ist. Übersetzen/ wir das, was ausgesprochen, in ein sinnliches Bild:/ Haben wir dann nicht das Bild vor uns, die geistige/ Welt versinnlicht durch Wolkengebilde, aus denen/ Engelsköpfe herausgeboren werden. Haben wir/ nicht in der Madonna sixtina des Raffael ein Bild,/ das herausgeboren wurde aus der göttlich geistigen/ Welt? Was wird aus dem Menschen, der gereinigt,/ der nun gebiert den Höhenmenschen? Es ist das, was/	Öfter haben wir uns schon zurückversetzt in eine Zeit der Menschheitsentwickelung, wo dasjenige, was wir heute Mensch nennen, überhaupt noch kein physisches Dasein hatte, noch ganz in seelisch-geistigem Dasein geborgen war. Wiederholt durfte aufmerksam gemacht werden darauf, daß wir uns im Sinne der Geisteswissenschaft die sinnliche Gestalt, die physische Leiblichkeit des Menschen denken wie eine Verdichtung eines einstmals nur geistig-seelischen Menschen. Jener geistig-seelische Mensch ist sozusagen verdichtet zu dem gegenwärtigen Menschen, wie das Wasser zu Eis sich verfestigt. Auch dieses Bild ist öfter gebraucht worden. Es ist da gesagt worden: Stellen wir uns eine Masse Wasser vor; diese verdichtet sich zu Eis, so daß wir zuletzt einen gewissen Rest der Wassermasse haben und den zu Eis umgewandelten Teil derselben; dann haben wir das Bild der Entstehung des Menschen. Bei dem einstmals geistig-seelischen Menschen war noch nichts von dem Physisch-Sinnlichen der Leiblichkeit vorhanden, was heute Augen sehen und Hände greifen können. Nach und nach wird er immer physischer bis zu seiner heutigen physischen Gestaltung. Diejenige Zeit freilich, in welche die äußere Wissenschaft zurückblicken kann, zeigt den Menschen in jener physischen Gestalt, in der wir ihn heute sehen. Aber die Geisteswissenschaft sieht zurück in urferne Vergangenheit, wo der Mensch aus der geistigen Welt herausgeboren wurde und noch geistig-seelischer Art war. Wenn wir heute auf seine Seele blicken, so sagen wir uns, das Seelische im Menschen ist sozusagen der letzte Rest desjenigen Geistig-Seelischen, das einstmals war. Wir blicken hin auf des Menschen Inneres, lernen des Menschen geistig-seelische Wesenheit kennen und sagen uns: wie er im Innern ist, so war er (S. 387) einstmals, als er aus dem Schoße der geistigen Welt herausgeboren wurde. Dieses Seelenwesen ist eingehüllt in das Niedrige der Sinnenwelt von außen, aber es kann sich wieder reinigen und läutern, kann sich erheben zu einem sinnlichkeitsfreien Anschauen und dadurch zu der Geistigkeit gelangen, aus der es selbst herausgeboren ist. Dies ist der Prozeß der geistigen Erkenntnis, die durch Läuterung und Reinigung geht. So erblicken wir im Geiste des Menschen Seelenwesen, und indem wir nicht bloß bildlich, sondern wirklich sprechen, sagen wir: Wenn wir dieses Seelenwesen in seiner Wahrheit erkennen, so sehen wir, daß es nicht von dieser Welt ist. Wir sehen im Hintergrunde dieses Seelenwesens eine göttlich-geistige Welt, aus der es herausgeboren ist. Und nun versuchen wir, uns, was wir eben ausgesprochen haben, in ein sinnliches Bild zu übersetzen. Fragen wir uns einmal: Haben wir nicht das, was wir eben ausgesprochen haben, in ein sinnliches Bild verwandelt, auf dem die geistige Welt durch Wolkengebilde versinnlicht wird, aus denen geistige Gestalten wie Engelsköpfe herausgeboren werden, welche die menschliche Seele versinnlichen? Haben wir nicht in der Madonnengestalt der Sixtinischen Madonna des Raffael ein Bild, das herausgeboren wurde aus der göttlich-geistigen Welt? Nun gehen wir weiter und fragen uns: Was wird aus dem Menschen, der seine Seele gereinigt und geläutert hat, der aufgestiegen ist zu höheren Erkenntnissen, der in seiner Seele ausgewirkt hat die geistigen Gebilde, die in ihm lebendig machen das, was als Göttliches die Welt durchlebt und durchwebt? Der Mensch, der den höheren Menschen im Menschen gebiert, einen Menschen, der repräsentiert eine kleine Welt in der großen Welt, der aus gereinigter Seele den wahren höheren Menschen gebiert, was ist er? Ihn (S. 388) kennzeichnet nichts anderes als das, was

wir die hellseherische Seele nennen, die der höhere Mensch gebiert. Versuchen wir es zu verbildlichen, so brauchen wir uns nur vorzustellen die Sixtinische Madonna: das wunderbare Kind in ihren Armen als Bild der mensch. Seele, die entsprungen ist aus geistigen Welten, das Höchste, was der Mensch hervorbringen kann, die geistige Geburt, eine Wiedererzeugung der Schöpfertätigkeit der Welt.

Einstmals lag göttl. Geistigkeit unserer Welt zu Grunde; sie ist aus Gott entsprungen, den wir suchen, der alles durchwebt, dem unsere Seele entsprungen, die den Sohn der Weisheit gebiert, der diesem Weltengeiste ähnlich, eine Wiederholung ist.

Jetzt verstehen wir, dass dies Problem Goethe in seiner ganzen mystischen Bedeutung nahe trat, da er den Inhalt des Faust zusammenschließen wollte im Chorus mysticus, in dem er die Seele als das ewig Weibliche ansprach, das uns hinanzieht zum ewig Geistigen der Welt. Kaum kann heut aus den Madonnendarstellungen erkannt werden, was jetzt ausgesprochen wurde u. dem doch eine tiefe Wahrheit zu Grunde liegt. Verschleiert darin liegt das grösste Menschheitsproblem. Die Madonnendarstellung verändert im Laufe der Zeiten die Gestalt. In den Katakomben finden wir sie als einfache Gestalt, die für das heutige Auge wenig Künstlerisches hat. Bis zum 15. Jahrh. zu Philippo Lippi

Handschr.

(S. 6) wir die hellseherische Seele nennen, die der höhere Mensch/
gebiert. Versuchen wir es zu verbildlichen, so brauchen/
wir uns nur vorzustellen die Sixtinische Madonna:/
Das wunderbare Kind in ihren Armen als Bild der menschl./
Seele, die entsprungen ist aus geistigen Welten, das Höchste,/
was der Mensch hervorbringen kann, die geistige/
Geburt, eine Wiedererzeugung der Schöpfertätigkeit/
der Welt.

Einstmals lag göttl. Geistigkeit unserer Welt zu/
Grunde; sie ist aus Gott entsprungen, den wir suchen,/
der alles durchwebt, dem unsere Seele entsprungen,/
die den Sohn der Weisheit gebiert, der diesem Vater-/
geiste ähnlich, eine Wiederholung ist.

Jetzt verstehen wir, daß dies Problem Goethe in seiner/
ganzen mystischen Bedeutung nahe trat, da er den/
Inhalt des Faust zusammenschließen wollte im Chorus/
Mysticus, in dem er die Seele als das ewig Weibliche/
ansprach, das uns hinanzieht zum ewig Geistigen der Welt./
Kaum kann heut aus den Madonnendarstellungen/
erkannt werden, was jetzt ausgesprochen wurde u./
dem doch eine tiefe Wahrheit zu Grunde liegt. Ver-/
schleiert darin liegt das größte Menschheitsproblem./
Die Madonnendarstellung verändert im Laufe der/
Zeiten die Gestalt. In den Katakomben finden wir/
sie als einfache Gestalt, die für das heutige Auge wenig/
Künstlerisches hat. Bis zum 15. Jahrh. zu Philippo Lippi/

GA57

wir das Hellseherische nennen. Versuchen wir, die Seele, welche den höheren Menschen aus sich, aus dem geistigen Universum, herausgebiert, zu verbildlichen, so brauchen wir uns nur vorzustellen das Bild der Sixtinischen Madonna, das wunderbare Kind in den Armen der Madonna.

So haben wir in der Sixtinischen Madonna vor uns ein Bild der menschlichen Seele, herausgeboren aus dem geistigen Universum; entsprungen aus dieser Seele das Höchste, was der Mensch hervorbringen kann, seine geistige Geburt, das, was in ihm ist, eine Wiedererzeugung der Schöpfertätigkeit der Welt. Versuchen wir einmal, in uns zur Empfindung zu erheben, was hellseherisches Bewußtsein tut.

Einstmals lag unserem Weltenbau zugrunde die göttliche Geistigkeit, denn unsinnig wäre es sonst, nach einem Geiste in der Welt zu suchen, wenn dieser Geist nicht ursprünglich die Welt gebaut hätte. Das, was uns draußen umgibt in der Welt, ist aus dem Geiste entsprungen, den wir in der Seele suchen. So ist die Seele aus dem göttlichen Vatergeiste entsprungen, der das ganze Universum durchlebt und durchwebt, gebärend den Sohn der Weisheit, der diesem Vatergeiste ähnlich, der seine Wiederholung ist.

Jetzt verstehen wir, wie Goethe diesem Problem in seiner ganzen mystischen Bedeutung nahetrat, als er den ganzen Inhalt des «Faust» zusammenschließen wollte in dem Chorus mysticus, in dem er die menschliche Seele ansprach als das Ewig-Weibliche, das uns hinanzieht zu dem universellen Geiste der Welt. So stand Goethe auch noch am Schlusse des «Faust» zu seinem Madonnenproblem. Kaum noch kann heute aus der Gestalt, welche die Madonnendarstellung angenommen hat, voll erkannt werden, was jetzt wie in einem Bilde ausgesprochen worden ist, und dem doch tiefe Wahrheit zugrunde liegt. Aber wenn wir dieses Madonnenpro(S. 389) blem auf seinen Ursprung zurückverfolgen, dann werden wir erkennen, daß in der Tat, wenn auch vielfach verschleiert, uns heute noch in der Gestalt der Madonna das größte Menschheitsproblem entgegentritt. Sie haben sich freilich verändert, diese Madonnen, von der einfachen Gestalt, die wir aus den ersten Jahrhunderten der christlichen Welt in den Katakomben sehen, wo wir die Madonnen finden, das Kind nach der Brust der Mutter langend. Von dieser einfachen Gestalt, die wenig Künstlerisches hat, ist ein weiter Weg bis zum fünfzehnten Jahrhundert, werden diese Madonnenbildnisse immer menschlicher; dann kommt ein Ruck hinauf zu Michel Angelo u. Raffael. Es ist so, wie wenn ~~wenn~~ zwar nicht ein volles Wissen, aber ein deutliches Gefühl einer tieferen Wahrheit aufgegangen wäre diesen Künstlern des Madonnenproblems. Es überkommen einen die schönsten Empfindungen vor der sogenannten Pietà des Michel Angelo, wo die Madonna mit dem Leichnam auf den Knieen da sitzt. Die Madonna ist jugendlich schön. Es war damals eine vielfach erörterte Frage, warum Michel Angelo sie so jugendlich schön hingestellt habe. Michel Angelo selbst wurde gefragt darum u. er sagte: es sei eine Erfahrung, daß jungfräuliche Frauen ihre Jugendfrische erhalten; wie sollte er nicht auch berechtigt sein, die Gottesmutter so darzustellen?

Wir fühlen in den Bildern des Raffael diese Anschauung auch hindurch, wenn er sie auch nicht aussprach.

Wir können dies nur verstehen, wenn wir uns zurückgehen in die Zeiten, in denen noch äußerlich lebend war dasjenige, was uns als intimste Künstlerisches in den Madonnen entgegentritt.

Wir können das Madonnenproblem in aller Welt finden. Im alten Indien würden wir die Göttin mit dem Krischnakind, im chines. Gottesdienste

Handschr.

(S. 7) werden diese Madonnenbildnisse immer menschlicher;/ dann kommt ein Ruck hinauf zu Michel Angelo u./ Raffael. Es ist so, wie wenn zwar nicht ein/ volles Wissen, aber ein deutliches Gefühl einer tieferen/ Wahrheit aufgegangen wäre, diesen Künstlern des/ Madonnenproblems. Es überkommen einen die/ schönsten Empfindungen vor der sogenannten/ Pietà des Michel Angelo, wo die Madonna mit dem/ Leichnam auf den Knien da sitzt. Die Madonna/ ist jugendlich schön. Es war damals eine vielfach/ berührte Frage, warum Michel Angelo sie so jugend-/ lich schön hingestellt habe. Michel Angelo selbst wurde/ gefragt darum u. er sagte: es sei eine Erfahrung,/ daß jungfräuliche Frauen ihre Jugendfrische erhalten;/ wie sollte er nicht auch berechtigt sein, die Gottesmutter/ so darzustellen?

Wir fühlen in den Bildern des Raffael diese Anschauung/ auch hindurch, wenn er sie auch nicht aussprach./ Wir können dies nur verstehen, wenn wir weit/ zurückgehen in die Zeiten, in denen noch äußerlich/ lebend war dasjenige, was uns als unbewußt/ Künstlerisches in den Madonnen entgegentritt./ Wir können das Madonnenproblem in aller Welt/ finden. Im alten Indien würden wir die Göttin/ mit dem Krischnakind, im chines. Gottesdienste/

GA57

wo nach vielfachen Wandlungen das Kind und die Madonna in dem heutigen Sinne immer künstlerischer, malerischer geworden sind, bis zu Michelangelo und Raffael. Es ist aber doch so, wie wenn auch diesen herrlichen Künstlern zwar nicht das volle Wissen, wohl aber ein deutliches Gefühl von einer tieferen Wahrheit des Madonnenproblems aufgegangen wäre.

Es überkommen einen die schönsten Empfindungen, wenn man vor der sogenannten Pietà des Michelangelo in der Peterskirche in Rom steht, wo die Madonna mit dem Leichnam auf den Knien dasitzt, die Madonna also in dem Alter, da der Christus bereits durch den Tod gegangen ist, in jugendlicher Schönheit. Es war damals eine vielfach berührte Frage, warum Michelangelo die Madonna in diesem Alter so jugendlich schön dargestellt habe. Michelangelo selbst wurde darum gefragt, und er antwortete – ich sage ausdrücklich, daß nicht von Geglaubtem dabei gesprochen werden soll, sondern von geisteswissenschaftlichen Erfahrungen –, es sei Erfahrung, daß jungfräuliche Frauen sich ihre Jugendfrische bis ins hohe Alter hinein erhalten; wie sollte er nicht berechtigt sein, die Gottesmutter auch in diesem Alter noch in aller Jugendfrische darzustellen? – Eine merkwürdige Anschauung, die Michelangelo hier ausdrückt! Wenn auch nicht ausgesprochen, so finden wir sie doch auch (S. 390) ausgedrückt in den Bildern des Raffael. Verstehen können wir diese ganze Anschauung aber nur, wenn wir weit zurückgehen in die Zeiten, in denen noch äußerlich lebendig war, was uns in den Madonnen als Unbewußt-Künstlerisches entgegentritt. Wir könnten weit zurückgehen und wir würden im Grunde genommen das Madonnenproblem in aller Welt finden. Wir könnten nach dem alten Indien gehen und würden die Göttin mit dem Krishna-Kinde an der Brust finden, wir könnten in einen chinesischen Gottesdienst kommen und auch da ähnliche Bilder finden. Im bezeichnendsten Sinne stellt dies der Isis mit dem Horuskinde. In gewisser Beziehung haben wir hier den Schlüssel zur richtigen Erfassung der Madonnendarstellung. Wir müssen aber unsere Aufmerksamkeit lenken auf die Weisheit Ägyptens, die zu dieser merkwürdigen Göttergestalt hingeführt hat und was diese Weisheit für uns ist, die sich in der Sage von Osiris u. Isis ausdrückt, die tiefgründig in das Menschheitsproblem hineinführt. Osiris herrschte in einem goldenen Zeitalter unter den Menschen, vermählt mit seiner Schwester Isis, als Mensch mit göttlicher Macht u. Tugend, bis er von seinem Bruder Seth getötet wird auf sonderbare Weise bei einem Gastmahl. Typhon od. Seth läßt einen Kasten formen u. veranlaßt Osiris sich hineinzulegen. Seth schlägt den Kasten zu und übergibt ihn den Wassern. Isis sucht ihren Gatten. In Asien bei Biblos findet sie den Leichnam u. bringt ihn heim. Seth zerstückelt ihn; von Isis werden wiederum die Stücke zusammengesucht u. begraben, daher die vielen Osirisgräber in Ägypten. Osiris wird jetzt König der Toten. Vom Jenseits trifft ein Strahl den Kopf der Isis und sie gebiert den Horus, der Herrscher wird hier, aber vom Jenseits heraus entstand. Er wird Herrscher in der sinnlichen Welt, Osiris im Totenreich.

Handschr.	GA57
(S. 8) ähnliche Bilder finden. Im bezeichnendsten Sinne stellt/ dies dar Isis mit dem Horuskinde. In gewisser/ Beziehung haben wir hier den Schlüssel zur richtigen/ Erfassung der Madonnendarstellung. Wir müssen/ aber unsere Aufmerksamkeit lenken auf die Weis-/ heit Ägyptens, die zu dieser merkwürdigen Götter-/ gestalt hingeführt hat und was diese Weisheit für uns/ ist, die sich in der Sage von Osiris u. Isis ausdrückt,/ die tiefgründig in das Menschheitsproblem hineinführt./ Osiris herrschte in einem goldenen Zeitalter un-/ ter den Menschen, vermählt mit seiner Schwester Isis,/ als Mensch mit göttlicher Macht u. Tugend, bis er von/ seinem Bruder Seth getötet wird auf sonderbare/ Weise bei einem Gastmahl. Typhon od. Seth läßt/ einen Kasten formen u. veranlaßt Osiris sich/ hineinzulegen. Seth schlägt den Kasten zu und über-/ gibt ihn den Wassern. Isis sucht ihren Gatten. In Asien/ bei Biblos findet sie den Leichnam u. bringt ihn heim./ Seth zerstückelt ihn; von Isis werden wiederum die/ Stücke zusammengesucht u. begraben, daher die vielen/ Osirisgraber in Ägypten. Osiris wird jetzt König/ der Toten. Vom Jenseits trifft ein Strahl den Kopf/ der Isis und sie gebiert den Horus, der Herrscher/ wird hier, aber vom Jenseits heraus entstand./ Er wird Herrscher in der sinnlichen Welt, Osiris im/ Totenreich./	ähnliche Bilder finden. Wir wollen aber nicht in jene entlegenen Gebiete gehen, sondern uns an jene Darstellung aus alten Zeiten halten, welche im allerbezeichnendsten Sinne wiedergibt, was uns in der Madonna so schön gegeben ist. Wir wollen die Darstellungen der Isis mit dem Horuskinde betrachten. Diese Darstellungen, die ganz herausgewachsen sind aus der ägyptischen Weisheit, werden uns in gewisser Beziehung ein Schlüssel sein können zur richtigen Erfassung der Madonnendarstellung. Dabei müssen wir allerdings ein wenig unser Augenmerk darauf lenken, was die Weisheit eigentlich ist, die zu dieser merkwürdigen Göttergestalt des alten Ägyptens, zur Isis hingeführt hat, und was jene Weisheit, die sich in der Sage von Isis und Osiris ausdrückt, für uns ist. Tiefgründig, wenn wir sie wirklich verstehen, führt diese Sage in das eigentliche Menschheitsproblem hinein. Wir mögen die ägyptische Religion da oder dort durchforschen, das Bedeutsamste und Inhaltsvollste bleibt uns die Sage von Osiris, dem König, der in uralten Zeiten wie in einem goldenen Zeitalter unter den Menschen geherrscht hat, der vermählt war mit seiner Schwester Isis, die den Menschen Glück und Segen gebracht hat. Ein menschlicher König mit göttlicher Macht und göttlicher Tugend, so steht er vor dem Blicke des alten Ägypters und herrscht, bis er (S. 391) von seinem Bruder, dem bösen Set, getötet wird. Er wird auf eine sonderbare Weise getötet. Bei einem Gastmahl läßt der böse Bruder Set, den man in späterer Zeit Typhon genannt hat, einen Kasten formen, und durch eine List wird Osiris veranlaßt, sich in diesen Kasten zu legen. Dann wird der Kasten zugeschlagen und dem Wasser übergeben, so daß er ins Unbekannte fortgeschwemmt wird. Isis, die trauernde Gemahlin, sucht den Gatten überall, bis sie ihn nach langem Suchen in Asien findet. Sie bringt ihn ins Ägypterland zurück, und dort zerstückelt ihn der böse Bruder Set, und die Stücke werden in vielen Gräbern begraben. Daher die vielen Osirisgräber in Ägypten. Osiris wird nun der König der Toten, wie er früher der König der auf der Erde lebenden Menschen gewesen ist. Von der jenseitigen Welt trifft ein Strahl den Kopf der Isis. Sie gebiert darauf den Horus, der Herrscher wird in diesem Reiche. Im Sinne der ägyptischen Sage ist Horus der nachgeborene Sohn des Osiris. Der durch Befruchtung von jenseits entstandene Horus ist Herrscher in der irdisch-sinnlichen Welt, Osiris ist Herrscher im Totenreiche.

Während die Seele hier der Gewalt des Horus unter-steht, kommt sie, wenn sie den Körper verläßt, ins Reich des Osiris, wird ein Osiris. Im Totenbuch wird jede Seele als Osiris angesprochen, wird vereinigt mit ihm.

So blicken wir im Sinne des alten Ägypten auf 2 Reiche: das sinnliche des Horus und das Reich des Todes, das des Osiris, der auf dieser Erde einst herrschte. Ein Eingeweihter kann schon zu Lebzeiten diese Gebiete betreten. Er wird selber ein Osiris, wenn er sich aller Leidenschaft für das Physische entreißt; er wird eine geläuterte Seele und da-durch vereint mit Osiris. Was stellt nun diese Sage dar? Es ist eine kindliche Vorstellung, wenn erzählt wird, den Jahres-Lauf der Sonne stelle diese Sage dar – Osiris sei die Sonne, Isis als Mond suche die Sonne, um von ihr bestrahlt zu werden. Nur solche die nicht wissen, daß die Natur nie in dieser Weise um-gedichtet wird, können solches behaupten. In Wahrheit ist es der bewußte Ausdruck für eine tiefe Wahrheit

Welches sind die Zeiten, als Osiris herrschte?
Osiris herrschte, als die Menschen selber noch geistig seelische Wesen waren, die ihm gleich waren. Wenn von dem goldenen Zeitalter gesprochen wird, ist die uralte Vergangenheit gemeint, wo der Mensch noch geistig göttlich unter Göttern weilte. Dies ist jene Wesenheit, die den Menschen umgab

Handschr.

(S.9) Während die Seele hier der Gewalt des Horus unter-/
steht, kommt sie, wenn sie den Körper verläßt, ins/
Reich des Osiris, wird ein Osiris. Im Totenbuch wird/
jede Seele als Osiris angesprochen, wird vereinigt/
mit ihm.

So blicken wir im Sinne des alten Ägypten/
auf 2 Reiche: das sinnliche des Horus und das Reich/
des Todes, das des Osiris, der auf dieser Erde einst/
herrschte. Ein Eingeweihter kann schon zu Lebzeiten/
diese Gebiete betreten. Er wird selber ein Osiris,/
wenn er sich aller Leidenschaft für das Physische/
entreißt; er wird eine geläuterte Seele und da-/
durch vereint mit Osiris. Was stellt nun diese Sage/
dar? Es ist eine kindliche Vorstellung, wenn behauptet/
wird, den jährl. Lauf der Sonne stelle diese Sage dar –/
Osiris sei die Sonne, Isis als Mond suche die Sonne,/
um von ihr bestrahlt zu werden. Nur solche die/
nicht wissen, daß die Natur nie in dieser Weise um-/
gedichtet wird, können solches behaupten. In Wahrheit/
ist es der bewußte Ausdruck für eine tiefe Wahrheit./
Welches sind die Zeiten, als Osiris herrschte?

Osiris herrschte, als die Menschen selber noch geistig/
seelische Wesen waren, die ihm gleich waren. Wenn/
von dem goldenen Zeitalter gesprochen wird,/
ist die uralte Vergangenheit gemeint, wo der/
Mensch noch geistig göttlich unter Göttern weilte./
Seth ist jene Wesenheit, die den Menschen umgab/

GA57

Während die Seele hier, während sie im Körper eingeschlossen ist, der Gewalt des Horus untersteht, kommt sie, wenn sie den Körper verläßt – das bezeugt das ägyptische Totenbuch –, in das Reich des Osiris, wird selbst ein Osiris. In höchst bezeichnender Weise wird bei jenem Gerichte, das im ägyptischen Totenbuch dargestellt wird, die Seele, wenn sie drüben ankommt, angesprochen: «Du, Osiris, was hast du getan» und so weiter, so daß also die Seele heranreift, selbst ein Osiris zu werden, indem sie durch die Pforte des Todes geht.

So blicken wir im Sinne des alten Ägyptens auf zwei Reiche, auf das Reich, das wir mit unseren Sinnen sehen, (S. 392) das Reich des Horus, und das Reich, in das die Seele eintritt nach dem Tode, und in dem Osiris herrscht. Gleichzeitig aber wissen wir, daß es im Sinne der alten ägyptischen Eingeweihten lag, daß der Eingeweihte, der zu hellseherischen Fähigkeiten gelangt, schon zu Lebzeiten dieselben Gebiete betritt, die die Seele erst nach dem Tode betreten kann, daß er also vereinigt werden kann mit Osiris. Der Eingeweihte wird also selber ein Osiris. Er entreißt sich dem Physischen, entsagt allen Gewohnheiten des physischen Lebens, allen Leidenschaften und Begierden, er reinigt sich gegenüber dem Physischen, wird eine geläuterte Seele und ist als solche vereinigt mit dem Osiris. Was stellt uns diese Sage dar? Oh, es ist eine kindliche Vorstellung, wenn da behauptet wird, daß uns diese Sage vorstellen soll etwa den jährlichen Lauf der Sonne um die Erde. Da wird am «grünen Tisch» der Gelehrsamkeit ausgeheckt, daß Osiris die Sonne sei, und wenn sie untergehe, sei es die Oberwindung durch die winterlichen Naturmächte, die durch den Set, den bösen Bruder Typhon, charakterisiert werden sollten; und in der Isis werde uns der Mond dargestellt, der die Sonne sucht, um von ihrem Licht bestrahlt zu werden.

Nur wer dergestalt aus seinem eigenen Kopf heraus eine Theorie von Naturmythen aufstellt, der kann so etwas behaupten. In Wahrheit ist die Isis-Sage der bildliche Ausdruck für eine tiefe Wahrheit. Welches sind die Zeiten, in welchen Osiris über die Menschen geherrscht hat? Das sind keine andern Zeiten als diejenigen, in welchen die Menschen noch geistig-seelische Wesen waren, wo sie noch in der geistig-seelischen Welt weilten unter solchen Wesen, die ihnen gleich, also auch geistig-seelischer Wesenheit waren. Wenn also von dem Reich des Osiris gesprochen wird, so ist damit nicht das physische Reich gemeint, sondern ein Reich der Vergangenheit, in dem der Mensch als eine gei(S. 393)stig-seelische Wesenheit waltete. Und mit dem feindlichen Bruder des Osiris ist jene Wesenheit gemeint, die den Menschen umgeben hat mit dem physischen Leibe, die einen Teil seines geistig-seelischen Wesens mit dem physischen Leib. Nun sehen wir, wie der rein geistige Osiris in den Kasten des physischen Leibes gelegt wird. Weil aber Osiris eine Wesenheit ist, die eigentlich nicht heruntersteigen kann, ist es für ihn gleichbedeutend mit dem Tode.

Der Übergang vom geistig seelischen Reiche zur phys. sinnlichen Entwicklung. — Epoche der Menschheit ist hier dargestellt. Osiris konnte in dies phys. Reich nicht hinein, wurde König in jener Welt, wo nur Tote oder Hellsehende eindringen. Was ist dem Menschen aus jenem Reiche geblieben? Seine Seele, sein geistig-seelisches Wesen, das ihn hinziehen wird zu dem Urkeimen des geistig-Seelischen, zu Osiris. Die Menschenseele ist Isis, in einer Beziehung das ewig Weibliche, die uns zum Reich, aus dem wir herausgeboren sind, hinzieht. Wenn sich diese Isis reinigt, wird sie bewußter aus der höheren Welt und gebiert den höheren Menschen, der den Sieg erringen wird über alles niedere Menschliche. So blicken wir auf Isis als Repräsentanten der Menschenseele, als das, was zurückbleibt in uns, was den Osiris sucht und ihn nur findet im Tode oder in der Einweihung. Was aber wär dieses Leben, das immer bewußter wird durch Osiris, den göttlichen Geist, und dadurch das schönste Kind gebiert, das das ganze geistige Weltall in uns wiedererstehen lässt als den Menschensohn? So blicken wir geradezu hinein in jenes Reich hinter dem sinnl.-physischen,

Handschr.	GA57
(S. 10) mit dem physischen Leib. Nun sehen wir, wie der rein/ geistige Osiris in den Kasten des physischen Leibes gelegt/ wird. Weil aber Osiris eine Wesenheit ist, die eigentlich/ nicht heruntersteigen kann, ist es für ihn gleichbedeu-/ tend mit dem Tode./	zum physischen Leibe verdichtet hat. Nun sehen wir, wie der einstmals rein geistige Osiris hineingelegt wird in einen Kasten. Dieser Kasten ist nichts anderes als der physische Menschenleib. Weil aber Osiris eine Wesenheit ist, die ihrer ganzen Natur nach nicht hinuntersteigen kann bis in die physische Welt, die in der göttlich-geistigen Welt verbleiben soll, so ist das Hineinlegen in den Kasten – den menschlichen Leib – für Osiris gleichbedeutend mit dem Tode.
Der Übergang vom geistig seelischen Reiche zur/ phys. sinnlichen Entwicklungs-Epoche der Menschheit/ ist hier dargestellt. Osiris konnte in dies phys. Reich/ nicht hinein, wurde König in jener Welt, wo nur/ Tote oder Hellsehende eindringen. Was ist dem Men-/ schen aus jenem Reiche geblieben? Seine Seele, sein/ geistig-seelisches Wesen, das ihn hinziehen wird zu den/ Urkeimen des Geistig-Seelischen, zu Osiris. Die Menschen-/ seele ist Isis, in einer Beziehung das ewig Weibliche,/ die uns zum Reich, aus dem wir herausgeboren sind,/ hinzieht. Wenn sich diese Isis reinigt, wird sich [sie] befruchtet/ aus der höheren Welt und gebiert den höheren Menschen,/ der den Sieg erringen wird über alles niedere/ Menschliche. So blicken wir auf Isis als Repräsentantin/ der Menschenseele, als das, was zurückblieb in uns,/ was den Osiris sucht und ihn nur findet im Tode oder/ in der Einweihung. Was aber war dieses Leben,/ das immer befruchtet wird durch Osiris, den göttlichen/ Geist, und dadurch das schönste Kind gebiert, das das/ ganze geistige Weltall in uns wiedererstehen läßt/ als den Menschensohn? So blicken wir geradezu/ hinein in jenes Reich hinter dem sinnl.-physischen,/	Es wird hier also dargestellt in weiterem Sinne der Übergang von jenem geistig-seelischen Reiche zu der physischen Entwikkelungsepoche der Menschheit. In dieses physische Reich konnte Osiris nicht hinein, da starb Osiris für die äußere physische Welt und wurde der König in demjenigen Reiche, das die Seele betritt, wenn sie aus der physisch-sinnlichen Welt fortgeht oder wenn sie die hellseherischen Kräfte entwickelt. Daher wird der Eingeweihte als Seele mit Osiris vereinigt. Was ist dem Menschen geblieben aus jenem geistig-seelischen Reiche? Dem Menschen, der nicht wie Osiris sozusagen sich zurückzog von der physisch-sinnlichen Welt, sondern in sie eintrat, was ist ihm geblieben? Seine Seele, sein geistig-seelisches Wesen, das ihn immer hinziehen wird zu den Urkeimen des Geistig-Seelischen, zu Osiris. Das ist die Menschenseele, die in uns wohnt, die Isis, in einer gewissen Beziehung das Ewig-Weibliche, das in uns wohnt und uns hinanzieht zu dem Reiche, aus dem wir herausgeboren sind. Diese Isis, wenn sie sich läutert und reinigt, abtut alles, was sie aus dem Physischen empfangen hat, wird befruchtet aus der geistigen Welt und gebiert dann den höheren (S. 394) Menschen, den Horus, der den Sieg erringen wird über alles niedere Menschliche. So blicken wir auf die Isis als die Repräsentantin der Menschenseele, als das, was in uns als Göttlich-Geistiges des Veteralls herausgeboren ist, was zurückgeblieben ist in uns, was den Osiris sucht und was ihn nur findet bei der Einweihung oder im Tode. Wir blicken geradezu hinein in jenes Reich, das hinter dem Sinnlich-Physischen liegt,

indem wir diese Sage vor die Seele malen, in die Zeit, da der Mensch noch bei den Müttern war, Isis noch nicht eingeschlossen war in den phys. Leib, noch vereint mit Osiris im goldenen Zeitalter war.

Das höchste menschliche Ideal erscheint uns dann befruchtet durch die Menschlichkeit selbst: Christus. Ins Reich der Mütter werden wir hineingeführt: In Goethes Faust erscheinen 3 Mütter auf goldenen Dreifüßen sitzend. Die Menschenseele hat ihre Entwicklung durchgemacht in den Zeiten, da sie noch nicht im menschlichen Leibe war. Was wir heute als menschliche Geburt[2] und Befruchtung[1] vor uns haben ist ein letztes Nachbild früherer Gestaltung derselben Sache. In der leiblichen Mutter sehen wir soz. die letzte phys. Gestalt einer geistigen Mutter, die hinter ihr ist, die befruchtet aus dem Weltenall heraus ist, wie wir unsere Seele aus der höheren Erkenntnis befruchtet haben aus dem Weltall selber heraus. Wir sehen zu immer geistigeren Gestaltungen der Befruchtung u. Fortpflanzung zurück. Deshalb spricht man im geisteswissenschaftl. Sinne nicht von einer Mutter, sondern von Müttern.

Es gibt Darstellungen der Isis, welche uns 3 Mütter darstellen. Wenn haben wir eine Gestalt, ähnlich der primitiven Madonna, die Isis mit dem Horuskind an der Brust. Hinter dieser eine Isis, auf dem Haupte die 2 Kuhhörner u. die Weltenkugel tragend,

Handschr.

(S. 11) indem wir diese Sage vor die Seele malen, in die/
Zeit, da der Mensch noch bei den Müttern war,/
Isis noch nicht eingeschlossen war in den phys. Leib,/
noch vereint mit Osiris im goldenen Zeitalter war.

Das höchste menschliche Ideal erscheint uns dann/
befruchtet durch die Menschlichkeit selbst: Christus./
Ins Reich der Mütter werden wir hineingeführt:/
In Goethes Faust erscheinen 3 Mütter auf goldenem/
Dreifuß sitzend. Die Menschenseele hat ihre Entwick-/
lung durchgemacht in den Zeiten, da sie noch nicht/
im menschlichen Leibe war. Was wir heute als/
menschliche Geburt (2) und Befruchtung (1) vor uns ha-/
ben ist ein letztes Nachbild früherer Gestaltung/
der selben Sache. In der leiblichen Mutter sehen wir/
soz. die letzte phys. Gestalt einer geistigen Mutter,/
die hinter ihr ist, die befruchtet aus dem Weltenall/
heraus ist, wie wir unsere Seele aus der höheren/
Erkenntnis befruchtet haben aus dem Weltall/
selber heraus. Wir sehen zu immer geistigeren/
Gestaltungen der Befruchtung u. Fortpflanzung/
zurück. Deshalb spricht man im geisteswissenschaftl./
Sinne nicht von einer Mutter, sondern von Müttern./

Es gibt Darstellungen der Isis, welche uns 3 Mütter/
darstellen. Vorn haben wir eine Gestalt, ähnlich/
der primitiven Madonna, die Isis mit dem Horuskind/
an der Brust. Hinter dieser eine Isis, auf dem/
Haupte die 2 Kuhhörner u. die Weltenkugel tragend,/

GA57

indem wir uns diese Osiris-Isis-Sage vor die Seele malen, in die Zeit, da der Mensch noch bei den Müttern, den Urgründen des Daseins war, da Isis noch nicht eingeschlossen war in den physischen Leib, noch vereinigt war im goldenen Zeitalter mit ihrem Gatten, dem Osiris. Es erscheint uns darin das, was als schönste Menschlichkeit, als höchstes menschliches Ideal geboren wird aus dem menschlichen Leibe, befruchtet durch den ewigen Weltengeist selbst.

Wie könnte daher etwas anderes als das höchste Ideal, die höchste Menschlichkeit, der Christus eben – denn er ist dieses Ideal, das sie darstellen – hineingepaßt werden in das Reich der Mütter? Im Goetheschen «Faust» treten uns drei Mütter, sitzend auf goldenen Dreifüßen, entgegen, drei Mütter! Die Menschenseele hat ihre Entwickelung durchgemacht in den Zeiten, da sie noch nicht im menschlichen Leibe war. Das, was wir heute sozusagen mit sinnlichen Augen als menschliche Befruchtung und menschliche Geburt vor uns haben, erscheint uns nur als letztes Sinnbild und Gleichnis der früheren Gestalt desselben Vorgangs. In der leiblichen Mutter sehen wir sozusagen die letzte physische Gestalt einer geistigen Mutter, die hinter ihr ist, und wir sehen diese geistige Mutter nicht befruchtet in derselben Weise, wie das heute geschieht, sondern aus dem Weltall selber heraus, so wie wir auch unsere Seele in der höheren Erkenntnis befruchtet haben aus dem Weltall heraus. Wir (S. 395) sehen zu immer geistigeren Gestaltungen der Befruchtung und Fortpflanzung zurück.

Daher spricht man, wenn man in wahrhaft geisteswissenschaftlichem Sinne spricht, nicht bloß von *einer* Mutter, sondern von den Müttern, und stellt sich vor, daß das, was als sinnliche Mutter heute vor uns steht, die letzte Ausgestaltung ist für die geistig-seelische Gestalt aus dem geistigen Reiche. In der Tat gibt es Abbildungen der Isis, welche uns nicht *eine* Mutter, sondern Mütter darstellen, drei Mütter. Vorn haben wir eine Gestalt, die Isis mit dem Horuskinde an der Brust, wie auch die ältesten Madonnengestalten dargestellt sind. Aber hinter dieser Gestalt haben wir in gewissen ägyptischen Darstellungen eine andere Gestalt, eine Isis, die auf dem Haupte die bekannten beiden Kuhhörner hat und Geierflügel trägt, das Henkelkreuz dem Kinde reichend. Was vom Gesch.-menschlich ist, ist hier schon vergeistigt. Hinter dieser sehen wir eine 3. Isis, die den Löwenkopf trägt. 3 verschiedene Entwicklungen der menschl. Seele stellt dies dar. 3 Naturen trägt unsere Seele in sich: eine willensartige Natur (ihre in den tiefsten Gründen befindliche Wesenheit); eine gefühlsartige Natur und eine weisheitsartige. Das sind die 3 Seelenmütter, sie traten uns in den 3 Gestalten der Isis entgegen.

Warum hinter der zunächst sinnlichen Mutter die geistige Mutter, die Isis aus der geistigen Vorzeit sich befindet, warum da z. B. bei den Gestalten die Kuhhörner und die Weltkugel in ihrer Mitte am Kopfe der Isis angebracht sind, das ist ein tiefsinniges Symbol. Die von der alten Zahlenlehre etwas verstanden, haben stets gesagt: die heilige Dreizahl stelle dar das göttlich männliche im Weltall und bildlich würde diese h. Dreizahl dargestellt durch die Weltkugel und Kuhhörner oder Mondsichel; diese eine Art von Ausdruck für die fruchtbare Wirkung in der Welt. Die Weltkugel ist ein Ausdruck für die schaffenden Kräfte in der Welt. Es steht hinter der sinnlichen Isis deren Repräsentantin, die geistige Isis, die befruchtet wird vom Göttlich-Männlichen, das die Welt durchwebt. Es wird der Befruchtungsprozess noch dargestellt als etwas, das mehr steht dem Erkenntnisprozess.

Handschr.	GA57
(S. 12) das Henkelkreuz dem Kinde reichend. Was vorn phys.-/ menschlich ist, ist hier schon vergeistigt. Hinter dieser/ sehen wir eine 3. Isis, die den Löwenkopf trägt./ 3 verschiedene Entwicklungen der menschl. Seele stellt/ dies dar. 3 Naturen trägt unsere Seele in sich:/ eine willensartige Natur (ihre in den tiefsten Gründen/ befindliche Wesenheit); eine gefühlsartige Natur und/ eine weisheitsartige. Das sind die 3 Seelenmütter,/ sie treten uns in den 3 Gestalten der Isis entgegen./	das Henkelkreuz dem Kinde reichend. Da sehen wir, was vorn physisch, menschlich ist, hier schon mehr vergeistigt. Hinter dieser sehen wir noch eine dritte, die den Löwenkopf trägt, darstellend eine dritte Stufe der menschlichen Seele. So erscheinen uns diese drei Isisbilder hintereinander. Unsere menschliche Seele trägt in der Tat drei Naturen in sich: eine willensartige Natur, ihre in den tiefsten Gründen befindliche Wesenheit, eine gefühlsartige Natur und eine weisheitsartige Natur. Das sind die drei Seelenmütter; sie treten uns in den drei Gestalten der ägyptischen Isis entgegen.
Warum hinter der zunächst sinnlichen Mutter/ die geistige Mutter, die Isis aus der geistigen/ Vorzeit sich befindet, warum da z. B. bei den Gestalten/ die Kuhhörner und die Weltkugel in ihrer Mitte am/ Kopfe der Isis angebracht sind, das ist ein tiefsinniges/ Symbol. Die von der alten Zahlenlehre etwas ver-/ standen, haben stets gesagt: Die heilige Dreizahl stelle/ dar das göttlich männliche im Weltall und bildlich wur-/ de diese hl. Dreizahl dargestellt durch die Weltkugel/ und Kuhhörner oder Mondsichel; diese eine Art von/ Ausdruck für die fruchtbare Wirkung in der Welt./	Daß hinter der zunächst sinnlichen Mutter die übersinnliche, die geistige Mutter, die Isis aus der geistigen Vorzeit, sich befindet, und daß da zum Beispiel bei den Gestalten die Geierflügel, die Kuhhörner und die Weltenkugel in ihrer Mitte am Kopfe der Isis angebracht sind, das ist ein tiefsinniges Symbolum. Diejenigen, welche etwas von der sogenannten alten Zahlenlehre verstanden, haben immer gesagt, und das entspricht einer tiefen Wahrheit, die heilige (S. 396) Dreizahl stelle dar das Göttlich-Männliche im Weltall, und bildlich werde diese heilige Dreizahl dargestellt durch die Weltkugel und die beiden Kuhhörner, die, wenn man will, eine Art von Abbild der Madonnensichel sind, aber eigentlich einen Ausdruck für die fruchtbare Wirkung der Naturkraft darstellen.
Die Weltkugel ist ein Ausdruck für die schaffenden/ Kräfte in der Welt. So steht hinter der sinnlichen/ Isis deren Repräsentantin, die geistige Isis, die/ befruchtet wird vom Göttlich-Männlichen, das die/ Welt durchwebt. Es wird der Befruchtungsprozeß/ noch dargestellt als etwas, das nahe steht dem/ Erkenntnisprozeß./	Die Weltkugel ist der Ausdruck für das Schaffen in der Welt. Wir müßten viele Stunden darüber sprechen, wenn wir ein Abbild für das Männliche in der Welt ausführen wollten. So steht hinter der sinnlichen Isis deren Repräsentantin, die übersinnliche Isis, die nicht befruchtet wird von ihresgleichen, sondern von dem Göttlich-Männlichen, das die Welt durchlebt und durchwebt. Es wird der Befruchtungsprozeß noch dargestellt als etwas, was nahesteht dem Erkenntnisprozeß.

Erkenntnisprozeß ist Befruchtungsprozeß. (Adam erkannte sein Weib etc.) Was wir heute aufnehmen als Geistiges, gebiert das Geistige in der Seele. Das ist etwas, was noch einen letzten geistigen Rest der alten Befruchtungsart darstellt, wie wir den Geist aufnehmen, um den Sohn zu gebären. Es wird uns dieses dargestellt in der Isis, die befruchtet im Haupte wird. Was da zum Ausdruck kommt, zeigt uns, wie wir heute befruchtet werden vom Weltengeist, ihn aufnehmen in die menschl. Seele, um zu gewinnen das menschl. Erkennen, Fühlen u. Wollen.

Dem Kind wird nicht sinnlicher Nahrungsstoff gereicht, sondern das Zeichen des Lebens: das Henkelkreuz, Svastika, der Geist des Lebens im Symbol. Hinter dieser geistigen Mutter steht die Urkraft alles Lebens, dargestellt als Isis mit dem Löwenkopf, der göttliche Wille hinter allem. Da haben wir die 3 Mütter, die belebenden Kräfte dem Sohn reichend. Es ist ein symbolischer Ausdruck einer tiefen Weltwahrheit, das Isissymbol wurde aufgenommen durch die neuere Zeit und umgestaltet gemäß dem Fortschritte, den die Menschheit machte durch das Erscheinen Christi. Christus Jesus ist das große Vorbild für alles, was die menschliche Seele werden, aus sich gebären soll. In der Madonna tritt uns wiedergeboren die Isis entgegen, in entsprechender Weise gesteigert, verklärt.

(S. 13) Erkenntnisprozeß Handschr. ist Befruchtungsprozeß. (Adam «erkannte»/
sein Weib etc.) Was wir heut aufnehmen als Geistiges,/
gebiert das Geistige in der Seele. Das ist etwas, was/
noch einen letzten geistigen Rest der alten Befruchtungs-/
art darstellt, wie wir den Geist aufnehmen, um den/
Sohn zu gebären. So wird uns dieses dargestellt in/
der Isis, die befruchtet im Haupte wird. Was da zum/
Ausdruck kommt, zeigt uns, wie wir heut befruchtet/
werden vom Weltengeist, ihn aufnehmen in die/
menschl. Seele, um zu gewinnen das menschl. Erkennen,/
Fühlen u. Wollen.

Dem Kind wird nicht sinnlicher Nahrungsstoff/
gereicht, sondern das Zeichen des Lebens: das/
Henkelkreuz, Svastika, der Geist des Lebens im Symbol./
Hinter dieser geistigen Mutter steht die Urkraft/
alles Lebens, dargestellt als Isis mit dem Löwenkopf,/
der göttliche Wille hinter allem. Da haben wir die/
3 Mütter, die belebenden Kräfte dem Sohn reichend./
Es ist ein symbolischer Ausdruck einer tiefen Welt-/
Wahrheit, das Isissymbol wurde aufgenommen durch/
die neuere Zeit und umgestaltet gemäß dem Fort-/
schritte, den die Menschheit machte durch das Erscheinen/
Christi. Christus Jesus ist das große Vorbild für/
alles, was die menschliche Seele werden, aus sich/
gebären soll. In der Madonna tritt uns wieder-/
geboren die Isis entgegen, in entsprechender/
Weise gesteigert, verklärt./

GA57 Das Bewußtsein, daß der Erkenntnisprozeß eine Art Befruchtungsprozeß ist, war in älteren Zeiten noch lebendig. Sie können in der Bibel noch lesen: «Adam erkannte sein Weib, und ... sie gebar.» Das, was wir heute aufnehmen als Geistiges, gebiert das Geistige in der Seele; das ist etwas, was noch einen letzten Rest der alten Befruchtungsart darstellt. Was da zum Ausdruck kommt, zeigt uns, wie wir heute befruchtet werden von dem Weltengeiste, ihn aufnehmen im Sinne des Weltengeistes in die menschliche Seele, um zu gewinnen das menschliche Erkennen, das menschliche Fühlen, das menschliche Wollen.

Das wird uns bei der Isis dargestellt. Sie wird befruchtet von dem Männlich-Göttlichen, damit ihr Haupt sich befruchte, und dem Kinde wird nicht sinnlicher Stoff gereicht, wie bei der sinnlichen Isis, sondern das Henkelkreuz, die Svastika, das, was das Zeichen des Lebens ist. Während von der physischen Isis der physische Stoff des Lebens gereicht wird, wird ihm hier der Geist des Lebens in seinem Sym(S. 397)bolum gereicht. So tritt hinter der physischen Lebensmutter die geistige Lebensmutter auf und hinter dieser die Urkraft alles Lebens, dargestellt mit der Lebenskraft, wie der Wille hinter allem weilte in noch geistiger, urferner Vergangenheit. Da haben wir die drei Mütter, und da haben wir auch die Art und Weise, wie diese drei Mütter aus dem Weltenall an die Sonne überliefern die belebende Kraft. Da haben wir einen, wenn auch noch nicht künstlerischen, doch symbolischen Ausdruck einer tiefen Weltenwahrheit. Was so als das Isis-Symbol durch die ägyptische Entwickelung gegangen ist, wurde aufgenommen von der neueren Zeit und umgestaltet gemäß dem Fortschritt, den die Menschheit gemacht hat durch die Erscheinung des Christus Jesus auf der Erde, denn in dem Christus Jesus war das große Vorbild für alles das gegeben, was die menschliche Seele aus sich selber gebären soll. Diese menschliche Seele in ihrer Befruchtung aus dem Weltengeist heraus wird in der Madonna versinnlicht. In der Madonna tritt uns daher gleichsam wiedergeboren die Isis entgegen, in entsprechender Weise gesteigert und verklärt.

In den Madonnenbildern sehen wir in der Tat, daß die Kunst die Auslegerin der Wahrheit wird, wie Goethe sagt. Wenn unser Blick durchdrungen von Gefühlen die Madonnenbilder anschaut, erhält die Seele noch etwas mitgeteilt vom großen Welträtsel, wie das ewig Weibliche in uns suchend sich sehnt nach dem Vatergeist, der wir als Sohn gebären in der eigenen Seele. Das was wir als Mensch sind und wie wir als Mensch mit der Welt zusammenhängen, tritt uns in den Madonnenbildern entgegen daher sind uns diese Madonnenbilder etwas so Heiliges, daher können wir es empfinden wie etwas, das aus dem Weltenall herausgeboren ist, wenn die unbestimmten Wolkengebilde sich zu Engelsköpfen formen und aus dem Ganzen die Madonna, die Repräsentantin der menschlichen Seele und diese hält wiederum den höheren Menschen, das was als Bestes im Menschen schlummert, was als Geist die Welt durchpulst, den wahren höheren Menschen, der in jedem Menschen schlummert.

So hat Goethe auch gefühlt, als er Faust führte durch die verschiedenen Stufen, die zu den höheren Erkenntnissen u. zum höheren Leben hinaufführen. deshalb läßt er ihn zu den „Müttern" gehen; diese Weisheit kann Faust nur bei den Müttern lernen,

(S. 14) In den Madonnen- Handschr. bildern sehen wir in der Tat, daß die/
Kunst die Auslegerin der Wahrheit wird, wie Goethe/
sagt. Wenn unser Blick durchdrungen von Gefühlen/
die Madonnenbilder anschaut, erhält die Seele noch/
etwas mitgeteilt vom großen Welträtsel, wie/
das ewig Weibliche in uns suchend sich sehnt nach/
dem Vatergeist, den wir als Sohn gebären in/
der eigenen Seele. Das was wir als Mensch sind/
und wie wir als Mensch mit der Welt zusammen-/
hängen, tritt uns in den Madonnenbildern entgegen./
Daher sind uns diese Madonnenbilder etwas so/
Heiliges, daher können wir es empfinden wie/
etwas, das aus dem Weltenall heraus geboren ist,/
wenn die unbestimmten Wolkengebilde sich zu/
Engelsköpfen formen und aus dem Ganzen die/
Madonna, die Repräsentantin der menschlichen/
Seele und diese hält wiederum den höheren/
Menschen, das was als Bestes im Menschen/
schlummert, was als Geist die Welt durchpulst,/
den wahren höheren Menschen, der in jedem/
Menschen schlummert.

So hat Goethe auch gefühlt, als er Faust führte/
durch die verschiedenen Stufen, die zu den höheren/
Erkenntnissen u. zum höheren Leben hinaufführen./
Deshalb läßt er ihn zu den «Müttern» gehen; diese/
Weisheit kann Faust nur bei den Müttern lernen,/

GA57 Was wir im Anfange unseres Vortrages bildlich hinstellen konnten, das tritt uns jetzt vor die Seele als mit der Entwickelung der Menschheit verbunden, heraufströmend aus dem grauen Altertum, künstlerisch verklärt und ausgestaltet in den modernen Bildern, die in aller Welt vor die kunstbedürftige menschliche Seele hingestellt worden sind. Da sehen wir, wie in der Tat die Kunst zur Auslegerin der Wahrheit wird, wie Goethe sagt. Da sehen wir, wie im Grunde genommen, wenn unser Blick aufschaut zur Madonna und wenn dieser Blick durchdrungen ist von dem Gefühl des Herzens, die Seele noch etwas mitgeteilt erhält von dem großen Weltenrätsel. Da sehen wir, wie in einer solchen Hingabe unsere Seele als das Ewig-Weibliche in uns (S. 398) sich suchend sehnt nach dem göttlichen Vatergeiste, der aus dem Weltenall herausgeboren ist, und den wir als Sonne gebären in der eigenen Seele. Das, was wir als Menschen sind und wie wir als Menschen mit der Welt zusammenhängen, das tritt uns in den Madonnenbildern entgegen. Daher sind uns diese Madonnenbilder, ganz abgesehen von jeder religiösen Strömung und jedem religiösen Dogma, etwas so Heiliges. Dadurch können wir es wie etwas aus dem Weltall Herausgeborenes empfinden, wenn die unbestimmten Wolkengebilde sich zu Engelsköpfen formen und aus dem Ganzen die Repräsentantin der menschlichen Seele herausgeboren wird. Und wiederum enthält die Madonna dasjenige, was aus der menschlichen Seele herausgeboren werden kann: den wahren, höheren Menschen, das, was in jedem Menschen schlummert, das menschlich Allerbeste und das, was als Geist die Welt durchflutet und durchwebt.

So hat auch Goethe gefühlt, als er seinen «Faust» zuletzt ausgestaltete, als er ihn durch die verschiedenen Stufen gehen ließ, die zu den höheren Erkenntnissen und zu dem höheren Leben hinaufführen. Deshalb läßt er Faust zu den Müttern gehen, deshalb erklingt ihm der Name «Mütter» so schauerlich-schön und läßt ihn ahnen die Weisheit, die aus alten Zeiten hereinklingt. Deshalb fühlte Goethe, daß er Faust zu den Müttern gehen lassen muß, daß er nur da das Ewige zu suchen u. zu finden, jenes Ewige, durch das Erschauen entstehen kann, die schönste Seelengeburt. Weil Goethe die menschliche Seele durch die Madonna repräsentiert erschien, läßt er im Chorus mysticus das Seelenrätsel in den Worten zum Ausdruck kommen: „das ewig Weibliche zieht uns hinan." Deshalb ist es auch Raffael in diesem Wunderbilde so schön gelungen, zurückzuführen zu den Gefilden, zu denen die alten Isisbilder hinunterführen.

Von dem was geistig ist, was man nur symbolisch in jener Isis mit dem Löwenkopf ausdrücken kann, steigen wir hinunter zur menschl. Isis, die ihre Kraft durch den menschlichen Stoff auf das Horuskind überträgt. Unbewußt hat Raffael in seiner sixtinischen Madonna wieder hinaufgeführt in jenes geistige Reich, in jene Gebiete, wo die Lieblichkeit uns entgegentritt als die Menschenseele, die Repräsentantin der Menschenseele, aber geistig luftig wird in den Engelsköpfen, welche in Wolkengebilden sie umschweben.

Die Isis und Madonnenbilder sind Auslegungen tiefster Naturgeheimnisse, eine Umschreibung des großen Wortes Platos: Einstmals war der Mensch ein geistiges Wesen; er ist heruntergestiegen nur dadurch, daß er der geistigen Flügel

Handschr.

(S. 15) das Ewige zu suchen u. zu finden, jenes Ewige,/ durch das Euphorion entstehen kann, die schönste/ Seelengeburt. Weil Goethe die menschliche Seele/ durch die Madonna repräsentiert erschien, läßt/ er im Chorus mysticus das Seelenrätsel in den/ Worten zum Ausdruck kommen: «Das ewig Weibliche/ zieht uns hinan.» Deshalb ist es auch Raffael in/ diesem Wunderbilde so schön gelungen, zurückzu-/ führen zu den Gefilden, zu denen die alten Isis-/ bilder herunterführen.

Von dem was geistig ist, was man nur/ symbolisch in jener Isis mit dem Löwenkopf/ ausdrücken kann, steigen wir hinunter zur/ menschl. Isis, die ihre Kraft durch den menschlichen/ Stoff auf das Horuskind überträgt. Unbewußt/ hat Raffael in seiner sixtinischen Madonna/ wieder hinaufgeführt in jenes geistige Reich,/ in jene Gebiete, wo die Leiblichkeit uns entgegen-/ tritt als die Menschenseele, die Repräsentantin/ der Menschenseele, aber geistig luftig wird in den/ Engelsköpfen, welche in Wolkengebilden sie um-/ schweben.

Die Isis und Madonnenbilder sind Auslegerinnen/ tiefster Naturgeheimnisse, eine Umschreibung/ des großen Wortes Platos: [«]Einstmals war der/ Mensch ein geistiges Wesen; er ist herunterge-/ stiegen nur dadurch, daß er der geistigen Flügel/

GA57

das Ewige suchen und finden kann, jenes Ewige, durch das der Euphorion entstehen kann. Weil ihm eben die menschliche Seele durch die Madonna repräsentiert erschien, deshalb läßt Goethe im «Chorus mysticus» das Seelenrätsel zum Ausdruck kommen in den Worten: «Das Ewig-Weibliche zieht uns hinan.» Deshalb ist es auch Raffael in seinem wunderbaren Madonnenbilde – mögen unsere Zeiten sagen, was sie wollen – so schön gelungen, wieder zu den Gefilden zurückzuführen, zu denen die alten Isisbilder hinführten. (S. 399) Von dem, was geistig ist, was man nicht mehr durch Menschengestalt ausdrücken kann, weil zu sinnliche Gestalten hervorgerufen würden, von jener Isis, die symbolisch für ihre Kraft nur mit dem Löwenkopfe dargestellt ist, steigen wir hinunter zur menschlichen Isis, die ihre Kraft durch den sinnlichen Stoff auf das Horuskind überträgt. Unbewußt hat Raffael in seiner Sixtinischen Madonna dies ausgedrückt; die Geisteswissenschaft wird die Menschheit wieder bewußt hinaufführen in das geistige Reich, aus dem sie hinuntergestiegen ist.

Noch an zwei Beispielen soll uns der diesjährige Winterzyklus zeigen, wie der Mensch heruntergestiegen ist aus geistigen Höhen und in ein erhöhtes Dasein wieder hinaufsteigen wird. In den beiden Vorträgen, die die Titel führen «Alteuropäisches Hellsehen» und «Die europäischen Mysterien und ihre Eingeweihten» soll sich uns in streng wissenschaftlicher Weise zeigen, wie eigentlich diese Madonnenbilder und Isisdarstellungen klar und deutlich künstlerische Auslegerinnen tiefster Natur- und Geistesgeheimnisse sind, wie sie im Grunde genommen nur eine Umschreibung des großen Wortes sind, das *Plato* gesprochen hat: Einstmals war der Mensch ein geistiges Wesen. Er ist heruntergestiegen nur dadurch, daß er der geistigen Flügel bewußt worden ist, daß er in den sinnlichen Leib gehüllt wurde; er wird sich entringen diesem phys. Leib und hinaufsteigen in geistig seelische Welten." dies verkündete Plato, dies verkünden die Madonnenbilder, indem sie im schönsten Sinne das sind, was Goethe mit den Worten ausdrücken wollte: „die Kunst ist die würdigste Auslegerin der erkannten Weltengeheimnisse."

Man fürchte nicht, daß die Kunst abstrakt oder gar allegorisch würde, wenn sie gezwungen sein wird, die höheren, geistigen Realitäten anzuerkennen; man fürchte nicht, daß sie steif und leblos würde, wenn sie sich nicht mehr ans äußere grobe Modell halten kann. Wenn die Menschheit den Weg zu geistigen Höhen zurückfindet, wird sie erfahren u. wissen, daß wahre Realität in den geistigen Welten ist, u. daß derjenige, der diese Realitäten schaut, wird lebensvoll schaffen, ohne sich sklavisch an sinnliche Modelle zu halten. Wenn die Kunst Darstellerin des Geistigen sein wird, werden ~~Kunst~~ Wissen u. Kunst eins sein u. werden in ihrer Vereinigung Religion sein. denn das Geistige wird in seiner Form in den menschlichen Herzen wiederum als ein Göttliches wirken und die von Goethe sogenannte wahre echte Dreieinigkeit erzeugen. „Wer Wissenschaft u. Kunst besitzt, der hat auch Religion," sagt Goethe; „wer diese beiden nicht besitzt, der habe Religion." Wer weiß, was aus Isis-Madonna spricht, sieht viel Lebendigeres in ihr, als im äuß. Modell; wer ins Geistige durchschaut, wie durch einen Schleier, kann in geistiger Freiheit formen schaffen u. wird in der Seele gebären eine echte freie Religiosität.

Plomberg, 1.2.9.1915.

Handschr.

(S. 16) beraubt worden ist, daß er in den sinnlichen Leib/
gehüllt wurde; er wird sich entringen diesem/
phys. Leib und hinaufsteigen in geistig seelische/
Welten.» Dies verkündete Plato, dies verkünden/
die Madonnenbilder, indem sie im schönsten/
Sinne das sind, was Goethe mit den Worten aus-/
drücken wollte: «Die Kunst ist die würdigste Aus-/
legerin der erkannten Weltengeheimnisse.»

Man fürchte nicht, daß die Kunst abstrakt oder/
gar allegorisch würde, wenn sie gezwungen/
sein wird, die höheren, geistigen Realitäten anzu-/
erkennen; man fürchte nicht, daß sie steif und leb-/
los würde, wenn sie sich nicht mehr ans äußere/
grobe Modell halten kann. Wenn die Menschheit den/
Weg zu geistigen Höhen zurückfindet, wird sie er-/
fahren u. wissen, daß wahre Realität in den geisti-/
gen Welten ist, u. daß derjenige, der diese Realitä-/
ten schaut, wird lebensvoll schaffen, ohne sich sklavisch/
an sinnliche Modelle zu halten. Wenn die Kunst/
Darstellerin des Geistigen sein wird, werden Wissen/
u. Kunst eins sein u. werden in ihrer Vereinigung Religion/
sein. Denn das Geistige wird in seiner Form in den/
menschlichen Herzen wiederum als ein Göttliches wirken und die/
von Goethe sogenannte wahre echte Frömmigkeit erzeugen. «Wer/
Wissenschaft u. Kunst besitzt, der hat auch Religion,» sagt Goethe; «wer/
diese beiden *nicht* besitzt, der *habe* Religion.» Wer weiß, was aus/
Isis-Madonna spricht, sieht viel Lebendigeres in ihr, als im äuß. Modell;/
wer ins Geistige durchschaut, wie durch einen Schleier, kann in/
geistiger Freiheit fromm fühlen u. wird in der Seele gebären/
eine echte freie Religiosität./

Plomberg, d. 2.9.1915.

GA57

beraubt worden ist, daß er in den sinnlichen Leib gehüllt wurde. Er wird sich diesem sinnlichen Leib wieder entringen, wieder hinaufsteigen in geistig-seelische Welten. – Dies hat Plato einst philosophisch verkündet. Dies verkündigen auch die Madonnenbilder, indem sie im schönsten Sinne das sind, was Goethe mit den Worten ausdrükken wollte: Die Kunst ist die würdigste Auslegerin der erkannten Weltgeheimnisse. – Man fürchte nicht, daß die Kunst abstrakt oder gar allegorisch wird, wenn sie wieder gezwungen sein wird – ich sage gezwungen! –, die höheren geistigen Realitäten anzu(S. 400)erkennen; man fürchte nicht, daß sie künstlerisch steif und leblos wird, wenn sie sich nicht mehr an äußere grobe Modelle halten kann.

Nur dadurch, daß der Mensch verlernt hat, das Geistige zu erkennen, ist auch die Kunst an die äußeren Sinne gebunden. Wenn aber die Menschheit wieder zurückfinden wird den Weg zu den geistigen Höhen und Erkenntnissen, dann wird sie auch wissen, daß wahre Realität in der geistigen Welt ist, und daß derjenige, der diese Realität schaut, lebensvoll schaffen wird, auch ohne sich sklavisch an sinnliche Modelle zu halten. Dann erst wird man Goethe verstehen, wenn in weiterem Umfang wieder miteinander gehen werden Kunst und Weisheit, wenn Kunst wiederum sein wird eine Darlegung des Geistigen. Dann wird Wissen und Kunst wieder eins sein, und dann werden sie in ihrer Vereinigung Religion sein. Denn das Geistige wird in seiner Form in den menschlichen Herzen wiederum als ein Göttliches wirken und die von Goethe so genannte wahre, echte Frömmigkeit erzeugen. «Wer Wissenschaft und Kunst besitzt, der hat auch Religion», sagt Goethe, «wer diese beiden nicht besitzt, der habe Religion.»

Wahrhaftig, wer Wissenschaft besitzt von den geistigen Geheimnissen der Welt und weiß, was durch die Isis-Madonna spricht, der sieht in ihnen etwas Urlebendiges, etwas viel Lebendigeres als in irgendeiner sklavischen Nachahmung äußerlich-physischer Menschenmodelle zum Ausdruck gebracht werden kann. Und ein solcher, der durch das Lebendige, das die Madonnen darstellen, wie durch einen Schleier hindurchschaut in das Geistige, der kann ohne alle Dogmatik, ohne jedes Vorurteil in vollständiger geistiger Freiheit wiederum fromm fühlen. Er wird Wissenschaft oder Weisheit und Kunst vereinigen in seiner Seele und wieder eine echte, freie Religiosität oder Frömmigkeit in sich gebären.

Gerechtigkeit fordert? Das ist eine schwierige Frage; wir wollen sie aber doch einmal heute Abend betrachten. Aber ich mache Sie ausdrücklich darauf aufmerksam, dass wir damit an eine der allerschwierigsten Fragen der okkulten Wissenschaft streifen. Wir müssen nämlich eine Unterscheidung machen, die die Menschenseele nicht gerne machen wird, weil eine Schwierigkeit vorliegt bis in die letzten Konsequenzen einer Betrachtung mitzugehen. Wir müssen eine Unterscheidung machen, wir müssen das eine betrachten, was sich in einer objektiven Gerechtigkeit in Karma vollzieht; damit ist der Mensch allerdings seinem Karma unterworfen, da hat er dasjenige, was er als Unrecht getan hat, karmisch auszugleichen. Und bei einem tieferen Nachdenken, m.l.Fr., wird der Mensch eigentlich nicht anders wollen als dass das so sei. Hat jemand ein Unrecht getan, so ist er unvollkommener geworden als er war, und er kann nur wiederum den Grad von Vollkommenheit, den er hatte, erringen, wenn er das Unrecht ausgeglichen hat. Wir können also um der eignen Vervollkommnung Willen gar nicht anders wünschen, als dass Karma als eine objektive Gerechtigkeit bestehe. Vor der Auffassung der menschlichen Freiheit kann gar nicht der Wunsch eintreten, dass uns etwa in dem Sinn die Sünden vergeben werden, dass wir das Karma dafür nicht abzutragen brauchen. Also es kann, im Grunde genommen, gar nicht aufkommen dass man z.B., wenn man einem Menschen die Augen aussticht, einem das vergeben werde, und dass dann das Karma etwa ausgeglichen wäre. So hat es mit dem Karma durchaus seine Richtigkeit, dass uns gewissermassen kein Heller nachgelassen wird. dass wir alles bezahlen müssen.

Aber nun, m.l.Fr., es gibt ja noch was anderes gegenüber der Schuld. Diese Schuld, diese Sünde, die wir auf uns laden, ist nicht bloss unsere Tatsache, (das müssen wir jetzt unterscheiden) sondern sie ist eine objektive Weltentatsache. Dasjenige was wir verbrochen haben gleichen wir in unserem Karma aus, aber das ist geschehen, dass wir einem die Augen ausgestochen haben, und das bleibt für den objektiven Weltengang bestehen, auch wenn wir es später ausgleichen. Den Makel, den wir uns selbst zugefügt haben, gleichen wir im Karma aus, aber die objektive Weltentatsache bleibt bestehen. Wir müssen unterscheiden die Folgen einer Sünde für uns und die Folge einer Sünde für den objektiven Weltegang. Das ist ausserordentlich wichtig, dass wir diese Unterscheidung machen. Und nun darf ich vielleicht eine okkulte Betrachtung einfügen, welche die Sache viel-

Nachschr. Hummel – Seite links, Feld	GA 155: *Christus u. die menschl. Seele* (1994)
… als dass das so sei. Hat jemand ein Unrecht getan, so ist er unvollkommener geworden als er war, und er kann nur wiederum den Grad von Vollkommenheit, den er hatte, erringen, wenn er das Unrecht ausgeglichen hat.	(S. 182) … als daß es so sei. **Denn nehmen Sie an, irgend** jemand **habe** ein Unrecht getan. **In dem Augenblick, wo er dieses Unrecht tun konnte**, ist er unvollkommener, **als wenn er es nicht getan hätte**, und er kann den Grad von Vollkommenheit, den er hatte, **bevor er das Unrecht tat, erst wieder**erringen, wenn er das Unrecht ausgleicht.
	Er muß also wünschen, das Unrecht auszugleichen, denn nur indem man es ausgleicht, indem man den Ausgleich erarbeitet, schafft man sich den Grad von Vollkommenheit, den man vorher hatte, bevor man die Tat vollbracht hat.
Wir können also um der eignen Vervollkommnung Willen gar nicht anders wünschen, als dass Karma als eine objektive Gerechtigkeit bestehe.	So können wir um **unserer** eigenen Vervollkommnung willen gar nichts **anderes** wünschen, als daß **das** Karma als objektive Gerechtigkeit bestehe.
Vor der Auffassung der menschlichen Freiheit kann gar nicht der Wunsch eintreten, dass uns etwa in dem Sinn die Sünden vergeben werden, dass wir das Karma dafür nicht abzutragen brauchen.	**Es kann also im Grunde genommen** vor der Auffassung der menschlichen Freiheit gar nicht der Wunsch entstehen, **es solle** uns **irgendwelche** Sünde vergeben werden etwa in dem Sinne, daß wir **zum Beispiel heute einem Menschen die Augen ausstechen und uns dann diese Sünde vergeben wird, wir dann diese Sünde in unserem** Karma nicht **mehr** abzutragen brauchen.
	Ein Mensch, der einem anderen die Augen aussticht, ist unvollkommener als ein Mensch,* der es nicht getan hat, und im weiteren Karma muß das ein(S. 183)treten, daß er eine entsprechende Guttat **dafür tut; dann erst ist er wiederum in sich der Mensch, der er war, bevor er die Tat vollbracht hat.**
Also es kann, im Grunde genommen, gar nicht aufkommen dass man z.B., wenn man einem Menschen die Augen aussticht, einem das vergeben werde, und dass dann das Karma etwa ausgeglichen wäre. So hat es mit dem Karma durchaus seine Richtigkeit …	Also es kann im Grunde genommen gar nicht **der Gedanke** aufkommen, **wenn man wirklich über das Wesen des Menschen nachdenkt**, daß, wenn man einem Menschen die Augen aussticht, einem das vergeben wird und daß dann das Karma etwa ausgeglichen wäre. So hat es mit dem Karma durchaus seine Richtigkeit …

* Ein Vergleich zwischen der Vollkommenheit von zwei Menschen kommt in der Spalte links nicht vor. Er ist ebenso wenig möglich wie ein Vergleich zwischen der Vollkommenheit eines Löwen und der eines Adlers. Die Vollkommenheit bzw. Unvollkommenheit eines Menschen ist immer durch und durch individualisiert, sie ist ganz anderer Art als die eines anderen Menschen. Aber selbst wenn ein Vergleich möglich wäre, liegt der GA-Text falsch: Ein Mensch kann etwas noch Schlimmeres getan haben als der Mensch, der dem Mitmenschen die Augen ausgestochen hat.

** Eine «Guttat» wäre z. B., wenn jemand, der Geld genug hat, einem Kindergarten eine großzügige Spende macht. Mit einer solchen einmaligen «Tat», so die GA-Fassung, «schafft man sich den Grad von Vollkommenheit, den man vorher hatte», bevor man das «Unrecht tun konnte». Von der inneren Entwicklung, von der langwierigen inneren Wandlung, die für den karmischen Ausgleich erforderlich ist, ist im GA-Text keine Rede – ganz im Gegenteil: Für den Verfasser des GA-Textes erfolgt auch das Unvollkommener-Werden schlagartig «in dem Augenblick», in dem der Mensch die böse Tat vollbringt. So ist es aber nicht: Die Tat ist nur der äußerliche Ausdruck eines inneren Unvollkommener-Werdens, das sich über eine längere Zeit erstreckt.

Vieles wird anders werden.Gewiss wird ein grosser Teil unseres heutigen 12 Schrifttums dann nicht weiter existieren können,wenn die Menschen von dem Grundsatze ausgehen: Nicht ich,der Christus in mir; aber der Krebsschaden unserer Niedergangskultur wird ausgelöscht sein,wenn aufhören werden die Menschen zu sprechen,die leichthin alles in die Welt hineinschreien ohne dass sie sich davon überzeugt haben.Haben wir ja gerade auf diesem Gebiete auch vieles in, und in bezug auf die theosophische Bewegung erleben müssen.Und wie leicht hatte man die Entschuldigung bei der Hand: Ja,der oder die Betreffende war ja in dem entsprechenden Augenblick davon überzeugt!

Als was erweist sich oftmals eine solche Ueberzeugung? Als der grösste Leichtsinn,als die purste Frivolität.Es darf doch - nicht aus einem persönlichem Grunde,sondern aus der Ernst der Lage - aufmerksam darauf gemacht werden dass es keine Entschuldigung gibt,wenn an wichtiger Stelle vor der theosophischen Gesellschaft,von der Präsidentin dieser Gesellschaft die frivole Unwahrheit hingestellt wurde von dem Jesuitenmärchen.Gewiss, es kann längst abgelaufen sein.Aber zur Charakteristik der Tatsache darf darauf hingewiesen werden.Nachträglich haben die Leute gesagt:"Die Präsidentin hat es doch zurückgenommen nach wenigen Wochen".Um so schlimmer! Denn da beginnt die Weltenbeurteilung,und nicht die persönliche Beurteilung.

Dasjenige,was man in einem höheren Sinne christliches Gewissen nennen kann, wird immer mehr und mehr,wenn das Wort des Paulus wahr wird: Nicht ich,der Christus in mir,das wird immer mehr und mehr in die Seelen hineinziehen,das Bewusstsein dass man nicht nur sagen soll was man glaubt,sonder zu prüfen hat an dem objektiven Tatbestand dasjenige,was man sagt.Der Christus wird den Seelen sein ein Lehrer der Wahrheit,des höheren Verständnisses.Damit wird er die Seelen durchdringen,wenn Seelen immer mehr und mehr das ganze Schwergewicht von dem Worte: Nicht ich,der Christus in mir,spüren werden.Von diesen Dingen morgen weiter.

Nachschr. Hummel – Seite links, Feld	GA 155: *Christus u. die menschl. Seele* (1994)
Um so schlimmer!	(S. 193) Um so schlimmer, **wenn man an verantwortungsvoller Stelle etwas hinausposaunt, was man in wenigen Wochen zurücknehmen muß,**
Denn da beginnt die Weltenbeurteilung, und nicht die persönliche Beurteilung.	denn da beginnt die Weltbeurteilung und nicht die persönliche Beurteilung.
	Und fügen wir auch eine solche Erkenntnis hinzu zu jener Unterscheidung, die wir treffen müssen zwischen dem subjektiven, im Ego des Menschen sich abspielenden Karma und dem, was wir als ein Objektives bezeichnen können. Da soll kein Wort verloren werden: es muß jeder Mensch den Schaden, den er mit sich angerichtet hat, auch wieder ausgleichen. Da haben wir nicht hineinzureden,* **da nehmen wir den Tatbestand, wie Christus ihn nahm bei der Ehebrecherin: er schrieb die Sünde in die Erde. Darauf aber muß aufmerksam gemacht werden, daß der Egoismus überwunden werden muß auf dem Gebiet der geisteswissenschaftlichen Bewegung.**** **Da muß man sich klar sein, daß nicht nur subjektive Beurteilung, sondern eine objektive Beurteilung gegenüber der Welt notwendig ist.**
Dasjenige, was man in einem höheren Sinne christliches Gewissen nennen kann, wird immer mehr und mehr,	Dasjenige, was man in einem **gewissen** Sinne christliches Gewissen nennen kann, **das** wird, **wenn der Christus** immer mehr und mehr (S. 194) **einzieht in die Seelen, auch einziehen; das wird einziehen, wenn die Seelen sich der Anwesenheit des Christus bewußt werden,*****
wenn das Wort des Paulus wahr wird: Nicht Ich, der Christus in mir,	wenn das Paulus-Wort wahr wird: «Nicht ich, **sondern** der Christus in mir.»
das wird immer mehr und mehr in die Seelen hineinziehen, das Bewusstsein das[s] man nicht nur sagen soll was man glaubt, sondern zu prüfen hat an dem objektiven Tatbestand dasjenige, was man sagt.	Immer mehr und mehr wird in die Seelen hineinziehen das Bewußtsein, daß man nicht nur sagen soll, was man glaubt, sondern, **daß man** zu prüfen hat an den objektiven **Tatsachen** das, was man sagt.
Der Christus wird den Seelen sein ein Lehrer der Wahrheit, des höheren Verständnisses.	Der Christus wird **der** Seele sein ein Lehrer der Wahrheit, **ein Lehrer** der höheren **Verantwortlichkeit**.
Damit wird er die Seelen ...	Damit wird er die Seelen ...

* Rudolf Steiner führt oft aus, dass für das Austragen des persönlichen Karmas eine gegenseitige Hilfe erforderlich ist. Jeder Mensch ist zwar die Hauptursache seines Karmas, aber kein Mensch ist die ausschließliche Ursache davon. Vor diesem Hintergrund ist es widersinnig, wenn behauptet wird: «Da soll kein Wort verloren werden … Da haben wir nicht hineinzureden …».

** Eine solche Aussage ist höchst fragwürdig. Der Egoismus kann nicht auf irgendeinem äußeren «Gebiet» überwunden werden, sondern nur in der Innerlichkeit des Menschen. Aber selbst das Reden von «überwinden» ist irreführend: Die Selbstliebe ist gerade die gute Seite des Egoismus; es geht nicht darum, sie zu überwinden, sondern darum, zu der Selbstliebe die Nächstenliebe dazu zu gewinnen. Außerdem fragt es sich: «muss» der Egoismus nur auf einem einzigen Gebiet überwunden werden?

*** «… sich der Anwesenheit des Christus bewußt werden» – dies ist etwas rein Intellektualistisches. Es kann nicht damit gleichgesetzt werden, dass «der Christus immer mehr und mehr einzieht in die Seelen».

Nachschrift nach Stenogramm von H. Hummel – 3. Vortrag, S. 10

res Wort anwendbar auf diese Denkweise als das Wort"christlich",nämlich das Wort"bequem"!

Bequem wäre es ja allerdings wenn man bloss zu bereuen hätte und alles wäre ausgelöscht für sein ganzes späteres Karma,was man in derxWelt verbrochen hätte!Nein,durch das Karma ist es nicht ausgelöscht!Davon kann es ausgelöscht werden,wohin wir wegen der menschlichen Schwäche durch die luciferische Versuchung nicht selbst dringen können - von der Erdenentwickelung.Und das tut der Christus.Dieses Leid wird von uns genommen,mit der Sündenvergebung:dass wir für ewige Zeiten der ganzen Erdenentwickelung ein objektives Leid zugefügt haben.Dafür müssen wir natürlich nur Interesse haben.

Dann aber,wenn wir diese Sache so auffassen,dann wird sich wahrhaftig auch in vielen anderen Dingen ein kräftigerer,ein echter Ernst verbinden,m.l.Fr.,mit einer wahren Christusauffassung.Und manches wird abfallen von mancher Christusauffassung was eigentlich als eine Art Frivolität und Cynismus scheinen könnte.Denn alles,alles,was heute gesprochen wordrn ist,spricht uns ja dafür: Dasjenige,was uns der Christus ist,ist er uns dadurch,dass er nicht ein Wesen ist wie andere Menschen,sondern ein Wesen das von oben,d.h. aus dem

Nachschr. Hummel – s. oben, Feld	GA 155: *Christus u. die menschl. Seele* (1994)
… Christusauffassung.	(S. 190) … Christus-Auffassung. **Ein tiefer Ernst wird sich mit ihr verbinden,**
Und manches wird abfallen von mancher	und manches wird abfallen von mancher
Christusauffassung was	Christus-Auffassung, das **demjenigen, der den ganzen Ernst der Christus-Auffassung in seine**
eigentlich als	**Seele nimmt,*** **geradezu** als
eine Art Frivolität und Cynismus	eine Art Frivolität und Zynismus
erscheinen könnte. Denn alles, alles, was	erscheinen könnte. Denn alles, alles, was
heute gesprochen worden ist,	heute gesprochen worden ist
	und was Punkt für Punkt gerade mit wichtigsten Stellen aus dem Neuen Testament belegt**
spricht uns ja dafür:	**werden kann,** (S. 191) **das** spricht uns ja dafür:
Dasjenige, was uns der Christus ist, ist er	**Alles** das, was uns der Christus ist, ist er
uns dadurch, dass er nicht ein Wesen ist …	uns dadurch, daß er nicht ein Wesen ist …

* «Der ganze Ernst der Christus-Auffassung» wird in die Seele genommen. Eine noch höhere Stufe der Abstraktheit und der nichtssagenden Verschwommenheit ist kaum denkbar.

** Dieser Einschub stellt den Redner als einen Fanatiker hin und ist außerdem inhaltlich falsch. Das im Vortrag Ausgeführte wird im GA-Text «Punkt für Punkt» atomisiert und das Neue Testament wird in «Stellen» zergliedert, die rein intellektualistisch alles Mögliche «belegen» sollen.

Vorwort zur 1. Auflage

Die vier Vorträge Rudolf Steiners, die den Titel «Christus und die menschliche Seele» tragen, enthalten für jeden geistigen Sucher echte Perlen. Sie reden vom Schönsten und Tiefsten, was man über den gemeinsamen Geist der Menschheit und der Erde in Worte fassen kann.

Demgegenüber steht die Tatsache, dass schon das Wort «Christus» heute viele Menschen in Verlegenheit bringt, was oft zu einer Haltung der Ablehnung führt. Warum oder wie eine solche Verlegenheit entstanden ist, kann man nicht leicht sagen.

Mit dieser bedeutsamen kulturellen Tatsache konfrontiert, zieht der Archiati Verlag in Erwägung, diese vier Vorträge in zwei verschiedenen Ausgaben zugänglich zu machen: einmal im vorliegenden Band mit dem oft wiederkehrenden Wort «Christus», einmal in einer billigeren, populäreren Form, wo das Wort «Christus» – wohlgemerkt, nur das Wort! – durch «Logos°» ersetzt wird. Logos bedeutet griechisch «Wort» und bezeichnet dasselbe geistige Wesen, das die jüdische Überlieferung «Messias» und die christliche in wörtlicher Übersetzung «Christus» nennt. Es ist nicht anders, als wenn die eine Sprache die Birke «Birke», die andere «betulla» nennt. Ein Unterschied in der Wortbezeichnung ändert nichts an der objektiven Wirklichkeit, die damit bezeichnet ist. Die Wirkung des Rosenelixiers auf den Körper richtet sich nicht nach dem Namen der Rose.

Im Vorfeld dieser Veröffentlichung wurden verschiedene Menschen und Menschengruppen um ihre Meinung in Bezug auf dieses Vorhaben gefragt. Es haben sich gleichsam zwei Lager gebildet: Die einen zeigten sich begeistert, die anderen nicht weniger entschieden entsetzt. Die Begeisterten meinten, dass durch die Ersetzung des Wortes die Wirklichkeit des Christus vielen Menschen zugänglich gemacht werden kann, die sich im Grunde nur an dem Wort stoßen, weil sie die im Wort enthaltenen Inhalte kaum kennen und ihnen gegenüber durchaus offen sind. Diejenigen, die dagegen waren und sind, zeigten zwar eine tiefe Verbundenheit mit dem «Christus», aber so, als ob beim Ersetzen des Wortes ihnen die ganze Wirklichkeit des Christus abhandenkommen würde.

Gerade dieses letzte Phänomen scheint mir von tiefer Bedeutung zu sein. Wenn man als «Christ» aufgewachsen ist, ist es verständlich, dass man mit dem Wort Christus eine Fülle von Vorstellungen und vor allem von Gefühlen verbindet, die bei der schlichten Erwähnung des Wortes so gut wie automatisch in der Seele aufsteigen. Dabei ist es für den Betreffenden oft ganz unwichtig, auf welche objektiv-geistige Wirklichkeit mit diesem Wort hingewiesen wird. Gerade die Tatsache, dass viele Menschen von dem Christus nur das Wort und das vom Wort erweckte subjektive Erlebnis kennen, scheint mir nachzuweisen, wie dringlich es ist, auf die objektive Wirklichkeit des Christus-Wesens und seines geistigen Wirkens hinzuweisen.

Nicht zu unterschätzen dürfte bei vielen die Überraschung sein, die einige nach der Lektüre dieser Vorträge etwa mit folgenden Worten ausgedrückt haben: «Ich hätte niemals gedacht, dass das Wort ‹Christus› auf solche wunderbaren Dinge hinweist, dass es für solche allgemein menschlichen Tatsachen steht. Ich frage mich, wie viel davon diejenigen verstanden haben, die den Christus sozusagen als ihren besonderen Besitz betrachten.»

Von den «wunderbaren Dingen», die in diesen Vorträgen in Bezug auf den Logos oder Christus zur Sprache kommen, seien nur folgende zur Anregung für die Lektüre kurz angedeutet:

- Im *ersten Vortrag* ist unter anderem die Rede von der *Liebe:* Der Logos bringt in die Welt der Menschen zur göttlichen Macht die Liebe hinzu. Nicht durch Macht und nicht durch Weisheit wird die Seele des Menschen unsterblich, sondern allein durch Liebe.
- Im *zweiten Vortrag* wird die wichtige Frage gestellt: Wie können unsere schönen Ideale Lebenswirklichkeit werden? Und als Antwort heißt es: Wenn wir unsere Ideale dem «Christus», dem einheitlichen Geist aller Menschen, anvertrauen, dann werden sie in ihm und durch ihn in der ganzen Menschheit wirksam.

- Wie ein Befreiungsschlag kann die Unterscheidung wirken, die Rudolf Steiner im *dritten Vortrag* macht: Jede menschliche Handlung hat eine zweifache Reihe von Folgen. Sie hat Folgen in der Innerlichkeit des Handelnden und Folgen in der äußeren objektiven Welt. Die ersten, «karmischen» Folgen werden im weiteren Verlauf des eigenen Karmas ausgeglichen; die objektiven, «kosmischen» Folgen nimmt der Logos-Christus auf sich, wenn der Mensch sie ihm anvertraut. Mit dieser Unterscheidung schafft Rudolf Steiner eine Grundlage zur Versöhnung zwischen Christen und Geisteswissenschaftlern: Die Christen haben Recht in Bezug auf die «Vergebung» der objektiven Folgen der Sünden durch den Christus; die Geisteswissenschaftler haben Recht in Bezug auf das «Karma», wodurch jeder Mensch die in ihm auftretenden Folgen seiner Taten auszugleichen hat.
- Tief christlich ist im *letzten Vortrag* die Rede von der Auferstehung des Leibes. Vergeblich habe ich in meinem Studium der Theologie nach solchen Gedanken über die christliche Auferstehung gesucht! Es schmerzt mich zutiefst, dass unzählige Menschen heute, aufgrund ihrer unhinterfragten Ablehnung alles «Christlichen», sich den Zugang zu solchen Gedanken vermauern, die jeder Mensch doch in seinem Innersten mit allen Kräften sucht.

Pietro Archiati
(im Sommer 2006)

Zu dieser Ausgabe

Dem öffentlichen Vortrag «**Isis und Madonna**» liegt eine ursprüngliche Handschrift (s. S. 178-208) zugrunde, die auf der letzten Seite das Datum «2.9.1915» trägt. Die erste Veröffentlichung erfolgte in der Zeitschrift *Die Drei* (Mai 1927) in einer wesentlich erweiterten Fassung, die später ihren Eingang in die Rudolf Steiner Gesamtausgabe (GA 57: Rudolf Steiner, *Wo und wie findet man den Geist?*) fand. Von diesem Vortrag liegen dem Herausgeber drei weitere maschinengeschriebene Nachschriften vor, die der Fassung der Gesamtausgabe gleichen. Die hier zugrunde gelegte Handschrift umfasst 3235 Wörter, der GA-Text 5456 Wörter – der Umfang ist fast verdoppelt. Was den Inhalt betrifft, kann sich der Leser anhand des vollständigen Textvergleiches (S. 179-209) ein eigenes Urteil bilden.

Die 4 Vorträge «**Christus und die menschliche Seele**» bilden das Herz dieser Ausgabe. In ihnen wird der Klartextnachschrift gefolgt, die Hedda Hummel vom eigenen Stenogramm gefertigt hat. Die Bibelzitate sind nach der «Lutherbibel 1984». In GA 155 (Rudolf Steiner, *Christus und die menschliche Seele* …, 1994) ist auf S. 244 zu lesen: «Von allen Vorträgen ... liegt jeweils nur eine Niederschrift vor. Die Norrköpinger Vorträge vom Juli 1914 sind von Hedda Hummel nachgeschrieben worden.» Dies erweckt den Eindruck, dass dem GA-Text die als einzig vorhanden bezeichnete

Niederschrift von H. Hummel zugrunde liegt. Das ist jedoch nicht der Fall: Die GA-Fassung gleicht der des Erstdrucks von 1915, die durch zahlreiche Erläuterungen und Erweiterungen vom Text der Hummel-Nachschrift abweicht. Was den Umfang betrifft, enthält der GA-Text 3842 Wörter mehr als der Hummel-Text – allein das Wort «Christus» kommt in ihm 39-mal öfter vor. Die Faksimiles und Textvergleiche (s. S. 210-214) ermöglichen dem Leser einen Einblick in die Unterschiede. Die dort mit einem Stern (*) versehenen Kommentare deuten auf einige der inhaltlichen Ungereimtheiten, die dem Redner nicht zur Last gelegt werden dürfen. Hier wieder ein Beispiel:

Nachschr. Hummel, Vortr. 4, S. 8	GA 155 (1994), S. 205
Denn wir leben nicht nur	… denn wir leben nicht nur
für uns,	für uns **selbst, wir leben nicht dafür, daß wir durch Ausgleich unseres Karma uns egoistisch vollkommener machen,**
wir leben für die Welt, und am	wir leben für die Welt, und am
Ende der Zeiten werden …	Ende der Zeiten werden …

In beiden Fassungen heißt es richtig: «nicht nur für uns». Die GA-Fassung fügt dann hinzu: «nicht dafür, daß wir» – was falsch ist, weil das Entscheidende «nur» weggelassen ist. Es ist falsch zu sagen: «… wir leben nicht dafür, daß wir … uns … vollkommener machen». Richtig ist zu sagen, dass wir nicht *nur* dafür, aber eben *auch* dafür leben. Genau genommen müsste es in der Spalte links heißen: «... wir leben *auch* für die Welt».

Der **öffentliche Vortrag** und die **esoterische Stunde** in Norrköping geben – neben den 4 Vorträgen – einen Einblick in die drei Ebenen der Tätigkeit von Rudolf Steiner. Zum öffentlichen Vortrag hatten alle Menschen Zugang; für die vier Vorträge werden ein tieferes Interesse an der Geisteswissenschaft und die Bekanntschaft mit ihren Grundlagen vorausgesetzt; eine esoterische Stunde kann fruchtbar gehalten werden, wenn nur Menschen daran teilnehmen, die den Weg der inneren Entwicklung gehen wollen. Die hier in zweifacher Version gedruckte esoterische Stunde folgt den zwei vorhandenen handschriftlichen Nachschriften – einer kürzeren und einer längeren – ohne Redaktion.

Das **Vorwort** der 1. Auflage ist hier als Nachwort angefügt, insofern es heute wie ein Zeitdokument gesehen werden kann. Es zeugt vom damaligen Ringen des Verlages, christliche Inhalte in einer Zeit zu bringen, in der bei vielen Menschen eine Verdrossenheit allem Christlichen gegenüber herrscht. Um den Zugang zu den 4 Vorträgen zu erleichtern, ist der Vortrag «Isis und Madonna» vorangestellt.

Alle Titel dieser Ausgabe sowie die Inhaltsangaben und die Fußnoten stammen vom Redakteur. Auf der Webseite der *Rudolf Steiner Ausgaben* findet der Leser alle dem Verlag zur Verfügung stehenden Klartextnachschriften der Vorträge in vollem Umfang faksimiliert.

Fachausdrücke der Geisteswissenschaft

Entwicklung von Erde und Mensch

7 planetarische Zustände der Erde:	1. Saturn-, 2. Sonnen-, 3. Monderde, 4. Erde (jetziger Planet), 5. Jupiter-, 6. Venus-, 7. Vulkanerde
7 geologische Zeiten der jetzigen Erde:	1. Polarische, 2. hyperboräische, 3. lemurische Erdenzeit 4. atlantische Erdenzeit 5. nachatlantische (die jetzige), 6., 7. Erdenzeit
7 Kulturperioden der «nachatlantischen» Zeit (je 2160 Jahre):	1. Indische, 2. persische, 3. ägypt.-chaldäische Kulturper. 4. griech.-römische Kulturperiode (747 v.–1413 n.Chr.); 5. unsere Kulturperiode (1413–3573 n.Chr.), 6., 7. Kulturper.

Das Wesen des Menschen

3 Körper-Hüllen:	1. Physischer Körper 2. Ätherischer Körper, Ätherleib, Bildekräfteleib 3. Astralischer Körper, Astralleib, Empfindungsleib
3 Seelen-Kräfte:	1. Empfindungsseele 2. Gemüts- oder Verstandesseele 3. Bewusstseinsseele
3 Geistes-Glieder:	1. Geistselbst (höheres Ich) 2. Lebensgeist 3. Geistesmensch
Aus 9 wird 7:	1. Physischer Leib, 2. Ätherleib, 3. Astralleib, 4. Ich, 5. Geistselbst, 6. Lebensgeist, 7. Geistesmensch

Dreiheit in Mensch und Welt

Geistige Wesen:	«Luzifer»	«Christus»	«Ahriman»
Evangelium:	Diabolos	Streben nach Gleich-gewicht	Satanas
Geistig:	Spiritualismus		Materialismus
Seelisch:	Schwärmerei		Pedanterie
Physisch:	Entzündung		Sklerose
Moralisch:	hemmend	fördernd	hemmend

Naturelemente

Ätherwelt:	Wärmeäther	Lichtäther	Ton-/Zahlenäther	Lebensäther
Phys. Welt:	Wärme	Luft	Wasser	Erde
Unternatur:	Schwerkraft	Elektrizität	Magnetismus	Atomkraft
Naturgeister:	Salamander	Sylphen	Undinen	Gnomen

Stufen der Einweihung

1. Imagination:	Bilder sehen – in der Akasha-Chronik (Ätherwelt)
2. Inspiration:	Worte hören – in der Seelenwelt (Astralwelt)
3. Intuition:	Wesen erkennen – in der geistigen Welt (Devachan)

Engel-Hierarchien

		Griechisch (Dionysios)	Lateinisch (Thomas v. Aq.)	Deutsch (Martin Luther)	Geisteswissenschaft (Rudolf Steiner)
1. Hierarchie	9.	Seraphim	Seraphim	Seraphim	Seraphim Geister der Liebe
	8.	Cherubim	Cherubim	Cherubim	Cherubim G. der Harmonien
	7.	Thronoi (Θρόνοι)	Throni	Throne	Throne G. des Willens
2. Hierarchie	6.	Kyriotetes (Κυριότητες)	Dominationes	Herrschaften	Geister der Weisheit
	5.	Dynamis (Δυνάμεις)	Virtutes	Mächte	G. der Bewegung
	4.	Exousiai (Ἐξουσίαι)	Potestates	Gewalten	Geister der Form
3. Hierarchie	3.	Archai (Ἀρχαί)	Principatus	Fürstentümer	Archai Zeitgeister G. d. Persönlichkeit
	2.	Archangeloi (Ἀρχάγγελοι)	Archangeli	Erzengel	Erzengel Volksgeister Feuergeister
	1.	Angeloi (Ἄγγελοι)	Angeli	Engel (Schutzengel)	Engel Schutzengel G. des Zwielichts Söhne des Lebens
Unterste Hierarchiestufe: Der Mensch					

Rudolf Steiner (1861-1925) ergänzt die moderne Naturwissenschaft durch eine umfassende Geisteswissenschaft, die Anthroposophie, die in der heutigen Kultur eine einzigartige Herausforderung zur Überwindung des Materialismus ist, der die Menschheit in den Untergang zu führen droht.

Die Anthroposophie hat ihre Fruchtbarkeit vor allem in der Erneuerung verschiedener Lebensbereiche gezeigt: der Erziehung, der Medizin, der Kunst, der Landwirtschaft. Der Wahrheitsgehalt der Geisteswissenschaft lag Rudolf Steiner ganz besonders am Herzen, weil er in ihm den Inspirations- und Kraftquell für alle äußere Tätigkeit sah.

Von den Vorträgen Rudolf Steiners sind Klartextübertragungen und Nachschriften unterschiedlicher Qualität erhalten. Die Vorträge lagen bis vor Kurzem überwiegend in einer stark bearbeiteten Fassung vor. Die ursprünglichen Klartextübertragungen, die zu Beginn des 21. Jahrhunderts der Öffentlichkeit zugänglich gemacht worden sind, machen es möglich, dem von Rudolf Steiner gesprochenen Wort näherzukommen.